中等职业教育核心问题的研究与实践

赵国军　著

东北大学出版社

·沈　阳·

图书在版编目（CIP）数据

中等职业教育核心问题的研究与实践 / 赵国军著
. — 沈阳：东北大学出版社，2017. 7
ISBN 978-7-5517-1633-8

Ⅰ. ①中…　Ⅱ. ①赵…　Ⅲ. ①中等专业教育—研究
Ⅳ. ①G718. 3

中国版本图书馆 CIP 数据核字(2017)第 173182 号

出 版 者：东北大学出版社
地址：沈阳市和平区文化路三号巷 11 号
邮编：110819
电话：024-83683655(总编室)　83687331(营销部)
传真：024-83687332(总编室)　83680180(营销部)
网址：http://www. neupress. com
E-mail: neuph@ neupress. com
印 刷 者：沈阳航空发动机研究所印刷厂
发 行 者：东北大学出版社
幅面尺寸：165mm×235mm
印　　张：14. 75
字　　数：264 千字
出版时间：2017 年 7 月第 1 版
印刷时间：2017 年 7 月第 1 次印刷
责任编辑：潘佳宁　　责任校对：叶　子
封面设计：潘正一　　责任出版：唐敏志

ISBN 978-7-5517-1633-8　　定　价：48. 00 元

前　言

发展职业教育是社会经济快速发展的成功经验，是我国实现经济繁荣、促进就业的有效途径。发展现代职业教育，不单单是一个教育问题，还是推动工业化、信息化、城镇化、农业现代化同步发展的重要一环，更事关中国装备制造业的核心竞争力和市场竞争力。当前，我国正处于经济转型和产业升级换代时期，迫切需要数以亿计的工程师、高级技工和高素质职业人才，这就需要一个更具质量和效率的现代职业教育体系予以支撑。

党的十八届三中全会为职业教育改革指明了方向——“加快现代职业教育体系建设，深化产教融合、校企合作，培养高素质劳动者和技能型人才”。职业教育的关键在于坚持就业导向，只有满足社会需求、市场需求、企业需求，发展与技术进步和生产方式变革及社会公共服务相适应、产教深度融合的现代职业教育，才能为社会输送适合产业发展的高素质人才。提高劳动者素质，主要依靠教育。

世界各国职业教育的实践证明，在职业教育及中等职业教育的发展过程中，尤其是在信息技术高度发展的今天，要充分认识到学习支持服务在职业教育中的重要作用。本著作依据笔者在中等职业学校工作中的理论研究，结合公用事业学校的具体工作实践，提出了中等职业教育研究工作的核心问题。笔者将中等职业教育的研究方向由原来的研究点转移到做好中等职业教育的难点问题。笔者认为，做好中等职业教育的难点就是要做好学习支持服务。要想做好学习支持服务，必须要找出学习支持服务的核心问题，这就是这本书的重中之重。经过多年的学习和实践，在此提出学习支持服务的核心问题，瓶颈和结点就是服务者、信息和资源、通道、服务对象。将主要矛盾确定之后，探讨出解决主要矛盾的具体策略。这就使研究的思路和途径发生了变化，它将为做好中等职业教育工作探索出一条更加符合实际的路径。

经过笔者的研究，探索出中等职业教育的主要问题所在，提出解决中等职业教育主要问题的理论和实践，将会产生巨大的社会价值。研究思路首先以控制论的角度来研究中等职业教育“学习支持服务的含义”，提出“学习支持服务本身就是一项信息和资源制作、传递与接受的过程”。然后从系统论角度出发，由服务者开始，为服务对象编制信息和资源，通过通道（平台等）提供给服务对象。服务对象对学习支持服务的各类信息和资源是否满意，通过反馈到达服务者手中，服务者根据反馈的各类情报，对前期提供的学习支持服务的各类信息和资源进行修订和改正，进行下一轮的学习支持服务活动。每一次学习支持服务系统活动的周转过程，都会进一步完善学习支持服务活动。

全书结构按照中等职业教育的核心问题服务者、信息和资源、平台、服务对象的顺序依次排序。

本书在编写过程中参考了许多相关文献，在此对这些文献的作者表示感谢。由于学识水平和认识有限，书中难免有偏颇或不当之处，敬请各位读者不吝赐教，以便进一步完善中等职业教育工作。

作　者

2017年3月

目　录

第一章　中等职业教育总论 …… 1

第一节　职业教育和中等职业教育的概念与分类 …… 1
第二节　国外职业教育模式比较 …… 12
第三节　我国职业教育模式及认识 …… 19
第四节　中等职业教育的核心问题 …… 25

第二章　中等职业教育教师队伍建设 …… 30

第一节　学习支持服务队伍构成分析 …… 30
第二节　中等职业教育教师队伍构成及素质建设 …… 33
第三节　教师队伍应具备的素质和建设措施 …… 37

第三章　中等职业教育技术人员队伍建设 …… 44

第一节　技术人员队伍的现状分析 …… 44
第二节　技术人员队伍的工作职能和素质要求 …… 46
第三节　技术人员队伍建设的措施 …… 51

第四章　中等职业教育管理队伍建设 …… 54

第一节　管理队伍的现状和工作职责 …… 54
第二节　管理人员队伍应具备的素质和建设措施 …… 56
第三节　班主任队伍建设 …… 59

第五章　中等职业教育数字化资源建设 …… 67

第一节　数字化学习资源的作用与特点 …… 67
第二节　现代教育的数字化学习资源 …… 69
第三节　现代教育体系下多媒体数字化资源的建设 …… 72

第四节　沈阳市城市建设管理学校校本教材资源建设 ………… 76
第五节　数字化教学资源著作权保护 ………… 112

第六章　中等职业教育平台建设 ………… 117

第一节　中等职业教育平台建设目的和意义 ………… 117
第二节　沈阳市城市建设管理学校中心网站主要栏目和平台安全 ………… 125
第三节　技术团队建设与平台展望 ………… 130

第七章　中等职业教育教学团队建设研究 ………… 132

第一节　中等职业教育教学团队建设的原则与作用 ………… 132
第二节　中等职业教育教学团队的分类与职责 ………… 141
第三节　中等职业教育教学团队的建设模式 ………… 150
第四节　中等职业教育教学团队的建设与管理 ………… 155

第八章　中等职业教育支持联盟建设 ………… 163

第一节　中等职业教育支持联盟建设的特点和内容 ………… 163
第二节　建设中等职业教育支持联盟的目标和原则 ………… 169
第三节　中等职业教育支持联盟模式的构建 ………… 173
第四节　中等职业教育支持联盟的运行管理模式和实践 ………… 177

第九章　中等职业教育第二课堂建设 ………… 184

第一节　中等职业教育第二课堂的基本理论 ………… 184
第二节　中等职业教育第二课堂的内容与形式 ………… 192
第三节　中等职业教育第二课堂建设的实施 ………… 200
第四节　沈阳市城市建设管理学校第二课堂活动实例 ………… 205

参考文献 ………… 218

第一章　中等职业教育总论

中等职业教育学习的过程就是接受学校提供的支持服务的过程，通过学校提供的全方位的学习支持服务完成学业。学习支持服务是否完善、高效和到位，直接影响到教育的质量，特别是在现代信息技术迅猛发展的知识经济时代，基于以网络为代表的多种媒体的学习支持服务有着更为重要的意义。伴随着现代中等职业教育的发展，沈阳市城市建设管理学校的学习支持服务工作也有了长足的发展，建立完善了适应学生需求的办学特点、办学模式的学习支持服务体系和模式，为广大的学生和教师提供了及时周到的支持服务，为学习支持服务模式的进一步完善打下了良好的基础。学习支持服务核心问题的提出，是对总论服务于全书结构的铺垫。本章重点阐述了我国中等职业教育的现状与发展，国外职业教育的模式和特点。在介绍现有职业教育理论的基础上提出了个人观点，突出讨论了职业教育中学习支持服务的核心问题。

第一节　职业教育和中等职业教育的概念与分类

一、职业教育的含义与优势

职业教育是社会发展的产物，是人类文明发展的产物，也可以说是人类自身发展的产物，而且是发展到某个特殊时期的产物。职业教育受益于社会，社会也可受益于职业教育. 促进社会发展和进步是职业教育的应有之义和神圣职责。

1. 职业教育的含义

对于职业教育的含义界定主要有以下几种。

第一，职业教育是给予学生或在职人员从事某种专业工作所需的知识技能的教育。

第二，职业教育是指为使受教育者获得某种职业技能或职业知识、形成良好的职业道德，从而满足从事一定社会生产劳动的需要而开展的一种教育活动。

第三，职业教育是指让受教育者获得某种职业或生产劳动所需要的职业知识、技能和职业道德的教育。

第四，职业教育是教育通往职业的桥梁，是职业人才培养的重要途径和手段。

第五，职业教育是指为适应社会发展和个人就业的需要而开展的对已受过一定教育的人群进行职业技能素养的培训过程。

笔者认为职业教育就是满足个人的就业需求和工作岗位的客观需要，进而推动社会生产力的发展，加快国家产业结构的调整与转型。

职业教育包括对待业者的就业前培训、对下岗职工的再就业培训等各种职业培训，以及各种职业高中、中专、技校等职业学校教育等。

职业教育相对于基础教育而言，有自身的特性。总结起来，职业教育的特性应该包含四个方面：以人为本，因材施教，科学管理，文化塑造。以人为本，一是要充分调动全体教职工的积极性，形成以校为家、以教为乐、以师为荣的浓厚氛围。二是要充分尊重学生的主体意识，充分确立学生的主体地位，充分发挥学生的主体作用。比如有的学校让学生去担任班主任助理、校长助理，积极主动、科学民主地参与学校事务的管理就是极富创新的尝试，既可培养学生的主人意识、参与意识，又可提高学生工作能力和管理水平，这本身就是职业教育的重要内容之一。因材施教就是要针对学生的具体情况，不照搬、不教条，要上学生听得懂、学得会、感兴趣、出门以后用得上的课程，摘那些“跳一跳就可以摘得到的桃子”。纵向比，时刻都在进步，不必委曲求全；横向比，术业各有所长，评判不拘一格。简单地说，学生不是流水线上的产品，无法模具化生产；传道、授业、解惑，塑造人的灵魂，是学校的根本职责所在。关于科学管理，“管”，最为简单，定出条条框框，强行入轨即可，军事化就是典型的例子。若干年前广受追捧的学校军事化管理，如今已被普遍遗弃，鲜有人提及，代之以人性化管理、民主化管理，从而使教育回归了本真。“理”，最有难度，需要管理者的智慧。其实“管理”的核心不仅仅在乎“管”，而更是在乎“理”，理明方向、理清思路、理顺方法步骤、理出学生学习成长和未来发展的科学路径，从哲学的角度来说，这就是世界观和方法论的问题。写在纸上、作出规定让大家如何去做，这是制度；不用写在纸上、不用作出规定大家就知道该如何去做，这就是文化，就是要进行这样的文化塑造。

职业教育的目的是培养应用型人才和具有一定文化水平和专业知识技能的劳动者，与普通教育和成人教育相比较，职业教育侧重于实践技能和实际工作能力的培养。

2. 职业教育的分类

职业教育的分类方法较多，按照我国职业教育现阶段的发展实际情况，结合国外职业教育的形式，提出以下的分类方法。如图 1-1 所示。

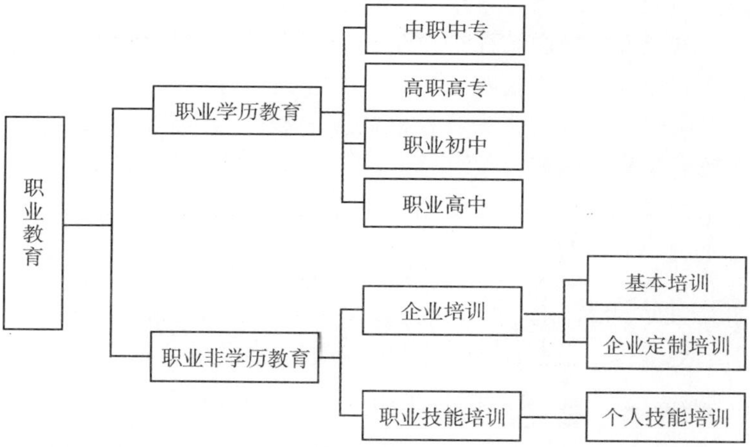

图 1-1　职业教育分类图

3. 职业教育的优势

职业教育的发展速度比较快，在发展过程中政府给予了极大的支持。与基础教育比较而言，职业教育具有培训体系成熟、学习时间短、投资回报高、技能+学历+就业等方面的优势。

第一，成熟的培训体系。国内职业教育已发展到比较成熟的水平，不再像以前那么混乱。在经过国家的整改和行业洗礼之后，现存的职业教育机构在品牌、资金、师资和就业方面都有雄厚的实力，培训细分化、精准化、专业化。

第二，学习时间短。职业教育一般只有 1 年左右的强化学习时间，以实战教学为导向，着力培养符合社会、符合企业需求的专业人才。所以它的学习时间比较短，而且见效快，可以快速解决就业等问题。

第三，投资回报高。一年左右的时间只要 1 万到 2 万元的资金投入。如果选择一个好的专业，可以在不到一年的时间收回成本。比如动漫游戏，人才网的薪资数据显示国内动漫游戏类人才的平均薪资在6235元/月，年薪在6万以上的人占了45.4%的比例。

第四，技能+学历+就业。职业教育采用的是“技能+学历+就业”的套读模式，在学习技能的同时也可以套读自考或者成教学历，技能和学历两不误，也为想报考公务员、研究生的学生提供了条件。

大力发展职业教育，是推进我国工业化、现代化的迫切需要。基本实现工业化，大力推进信息化，加快建设现代化，是21世纪头20年我国经济社会发展的战略任务；大力发展职业教育，是促进社会就业和解决“三农”问题的重要途径；大力发展职业教育，也是完善现代国民教育体系的必然要求。笔者说的职业教育是个统称，它既包括技术教育也包括技术培训，既包括职业教育也包括职业培训，既包括中等职业教育也包括高等职业教育。发展职业教育是我国教育事业发展规律的内在要求。要把基础教育、职业教育和高等教育放在同等重要的位置，统筹兼顾，协调推进。

二、职业教育的特点

我国职业教育与其他形式的教育相比较具有以下特点。

1. 适应性

职业教育的适应性主要表现在以下三方面。

第一，职业教育制度的适应性。国家发展职业教育，建立健全适应社会主义市场经济和社会进步需要的职业教育制度，它包括办学方向、办学层次、教学内容、职业培训机构及对职业教育的管理等，都要始终处于主动适应的位置，适应社会经济发展需要。

第二，职业教育对象的适应性。受教育者不应只是具有过于狭隘的职业性质或局限于一种技能的掌握，因为瞬息万变是当今时代的特征。所以，未来职业教育的主要目的是必须使教育对象有很强的适应性。

第三，职业教育办学模式的适应性。为适应市场需要，职业教育要由传统意义上的以学校教育为主的封闭的办学模式转向以企事业单位、公民个人及学校等多元化的混合模式。针对上述说法，有人质疑，认为基础教育和高等教育也有适应性。基础教育和高等教育的这种适应性仍然是职业的启蒙教育（基础教育）、职业的准备教育（高等教育）的组成部分，也是职业教育范畴的适应性。

2. 中介性

职业教育中介性是指职业教育在人的发展和社会发展之间、教育和职业之间的特殊位置。就是说，职业教育促进人的个性发展和社会进步，不是“普通性”或者是“特殊对象性”的，而是直接对应于社会需要和个人生存的，是促进科学精神与人文精神的结合，是促进社会发展需要的个性素质的提高，是使人的个性更适应社会直接需要的发展、提高和更新的中介加工，是其间最基本的桥梁。基础教育和高等教育都担负着将“自然人”培养成为“社会人”的中介职责，但社会人的一个重要标识就是职业化。

3. 个体性

职业教育的立足点只能是现实中的“个体存在”，从事职业教育的主体、接受职业教育的主体都是现实生活中的人，他们的现实生活的需要和能力决定了职业教育的教育目的、内容、方法、形式、水平等。也只有立足于现实生活的人，才能客观地分析职业教育的外在现象和内在规律。无论是理想的职业教育还是现实的职业教育，如果离开它的基本的逻辑起点，即现实生活中的人，都是不科学的。

4. 历史性

职业教育是历史性与超越性的矛盾统一体。历史性是职业教育的内在环节，职业教育总要受到一定历史前提的牵引与制约，职业教育不可能在真空中存在和发展。职业教育从来就是受到限制的职业教育，承认职业教育的历史性，就意味着职业教育的“有限性”与“非至上性”，但这绝非说职业教育因此失去了超越性，恰恰相反，正是职业教育的历史性及其导致的有限性和非至上性，为人们发展职业教育提供了真正的自由和可能。可以说，职业教育的历史性为它的无限开放性提供了真实的可能，职业教育就是不断在有限性中超越有限性，在不断敞开自我超越空间的过程中发展的。

这种有限性与无限性、非至上性与至上性、历史性与超越性的否定性统一，正好构成了职业教育的辩证法。它表明，首先，职业教育的历史性意味着职业教育不是绝对自由意志的产物，不能脱离于现实社会。如果否认职业教育的历史性，就等于把职业教育提升到“上帝”“救世主”的地位，结果只能是职业教育的遮蔽和抽象。其次，社会发展的历史性制约了职业教育的历史性，社会的发展水平和阶段制约着职业教育的发展速度、规模和程度。再次，职业教育的历史性、有限性并不意味着人的宿命与无为，相反，承认职业教育的这一现实规定性正是人不断超越、创造新职业教育的前提和基础。“超越性”同样是职业教育的本质规定之一，这意味着，职业教育就是“要决定我们将会成为什么，就是着眼于明天”。最后，正是职业教育的这种历史性与超越性之间的否定性统一，才构成了职业教育的现实性与理想性。现实性指向现在，理想性则指向将来。现实性与理想性互为依存，互为目的，互为环节，互为递进。现实以理想为动力和发展目标，若无理想，职业教育将是一潭死水；而理想必须以现实为基础和前提，理想的职业教育需要通过人立足现实的创造性活动，才能获得真正的“现实性”品格。

5. 实用性

职业教育是在理性指导下的实践，其理性又可分为实用理性和诗意理性两种。职业教育的实用理性注重教育方法、技术和经验，注重职业教育的效益（包括经济效益、社会效益等），关注学生个体的现实存在，立足和回归现实生活。职业教育的诗意理性则强调“以人为本”“终极关怀”等。具体来讲，就是注重人的“潜能”是否得到充分发挥，人的个性是否得到充分张扬，人的主体人格是否得到自由发展等，可以说是职业教育的最终理念。职业教育的实用理性不是仅仅为了生存、牟利而不择手段，人类的实用理性是千百年来人类生存博弈的结果，职业教育的实用理性是职业教育发展博弈的历史选择；职业教育的诗意理性也不是纯粹的“海市蜃楼”，它是一种超功利的理想价值追求，而且对实用理性有着引领和制约作用。总之，职业教育的实用理性与诗意理性相异互补、相互影响、相互制约。

三、中等职业教育的性质和分类

（一）中等职业教育的性质

中等职业学校培养与我国社会主义现代化建设要求相适应，德、智、体、美全面发展，具有综合职业能力，在生产、服务一线工作的高素质劳动者和技能型人才。他们应当热爱社会主义祖国，能够将实现自身价值与服务祖国人民结合起来；具有基本的科学文化素养、继续学习的能力和创新精神；具有良好的职业道德，掌握必要的文化基础知识、专业知识和比较熟练的职业技能，具有较强的就业能力和一定的创业能力；具有健康的身体和心理；具有基本的欣赏美和创造美的能力。

中等职业教育是在高中教育阶段进行的职业教育，也包括一部分高中后职业培训，它是专门培养社会各行业所需技能型人才的教育领域，其特点是在完成初高中基础教育内容的同时，培养出各行业所需的技术能手，同时为各高等院校输送高素质的专门人才打下基础。因此，中等职业教育的功能是既承担着国家九年义务教育的职责，又肩负着培养各行业高素质技能型人才之重任。

《2013—2017 年中国中等职业教育行业市场前瞻与投资机会分析报告》结果显示，我国职业教育的发展早在改革开放之初就呈现出了活力。1980 年，国家开始对全国中等教育的结构进行改革，重点是大力发展职业技术教育。1996 年，我国第一部职业教育法正式颁布和实施，为职业教育的发展提供了法律保障。经过几十年发展，2011 年，中国中等职业学校招生超过 820 万人，与普通高中招生大体相当。中等职业教育是我国高中阶段教育的重要组成部分，担负着培养数以亿计高素质劳动者的重要任务，是我国经济社会发展的重要基础。

全日制中等职业学校学历教育主要招收初中毕业生或具有同等学力者。基本学制以 3 年为主；招收普通高中毕业生或同等学力者，基本学制以 1 年为主。

中等职业教育是高中阶段教育的重要组成部分，其课程设置分为公共基础课程和专业技能课程两类。公共基础课程包括语文、数学、英语、计算机应用基础、体育与健康教学指导纲要、物理、化学。专业课包括专业技术课和专业理论课。

（二）中等职业教育的分类

中等职业教育是职业技术教育的一部分，包括普通中等专业学校、技工学校、职业中学教育及各种短期职业培训等。它为社会输出初、中级技术人员及技术工人，在整个教育体系中处于十分重要的位置。

2015 年，全国共有中等职业教育学校 1. 12 万所，其中，普通中等专业学校 3456 所，职业高中 3907 所，技工学校 2545 所，成人中等专业学校 1294 所。中等职业教育在校生 1656. 70 万人，占高中阶段教育在校生总数的 41. 0%。其中，普通中专在校生 732. 71 万人，职业高中在校生 439. 86 万人，技工学校在校生 321. 46 万人，成人中专在校生 162. 67 万人。

中等职业学校在对学生进行高中程度文化知识教育的同时，根据职业岗位的要求有针对性地实施职业知识与职业技能教育。分为公办和民办两大类。

目前我国中等职业学校大致可以分为以下四类。

（1）中等专业学校（简称中专）。主要招收初中毕业生，学制一般 3 年。传统的培养目标是中级技术人员、管理人员和小学教师。

（2）中级技工学校（简称中技）。主要招收初中毕业生，学制以 2 年为主，培养目标是中、初级技术人员。

（3）职业高级中学/高级职业中学（简称职业高中、职高）。在改革教育结构的基础上发展起来的中等职业学校，大部分由普通中学改建而成，一般招收初中毕业生，学制以 3 年为主。培养目标与中等专业学校和技工学校类似，以生产服务一线的操作人员为主。

（4）成人中等职业学校（简称成人中专）。改革开放以后发展起来的职业学校，最早定位是把有初中文化程度的成年人（主要是在职人员）培养成中等技术人员。学制 2 年或 3 年。

（三）中等职业教育的就业状况

2015 年，全国中等职业学校毕业生人数为 515.47 万，就业人数为 496.42 万，就业率为 96.30%，对口就业率为 77.60%。

第一，从就业去向看。到国家机关、企、事业单位就业的占就业总人数的 52.04%，仍为中职毕业生的主要去向，合法从事个体经营的占 16.27%，以其他方式就业的占 11.67%，这表明更多的毕业生进行创业就业，为推动“大众创业、万众创新”发挥着积极作用。升入各类高一级学校就读的占 20.02%，比 2014 年增加了 4.7%。

第二，从就业结构来看。在第一产业就业的占直接就业人数的 10.87%；在第二产业就业的占 32.93%；在第三产业就业的占 56.20%，比例仍在一半以上。从专业大类来看，加工制造类专业毕业生数、就业人数、就业率均居首位，就业情况最好，就业率达到 97.30%；其次是信息技术类，达到 96.85%；交通运输类、教育类、休闲保健类、财经商贸类的就业率都在平均就业率 96.23%以上。这表明，中等职业教育与现代服务业、先进制造业发展同步，同时较好地支撑了交通运输、电子商务、现代物流等新型产业的发展，对推动实体经济发展具有较好的支撑作用。

第三，从就业地域分布看。本地就业的 229.19 万人，占直接就业人数的 70.75%；异地就业的 93.67 万人，占 28.92%；境外就业的 1.07 万人，占 0.33%。与 2014 年相比，就业率高于全国平均水平的地区增加了 5 个，达到 27 个，各地区就业差距呈整体缩小趋势。这表明中职毕业生的就业地域仍以本地就业为主，是区域经济社会发展的生力军。同时，超过 70%的中职毕业生入学时为农村户籍，但毕业后超过 90%的学生在城镇就业。这表明，中等职业教育帮助农村青年学子获得了就业的技能和稳定的工作，促进学生融入城市生活，有力推动新型城镇化建设。

第四，从就业质量看。在直接就业学生中，签订劳动合同的比例达 89.26%，比 2014 年增长超过 1.22%，毕业生就业稳定性不断提高。就业月平均起薪2001~3000元的占29.56%，高于3000元的学生占12.02%。近84%的就业毕业生有社会保险，毕业生的社会保障状况持续改善。毕业生对就业满意度表示“比较满意”“满意”“非常满意”的达到84.12%，比2014年提高4个百分点，毕业生对就业岗位的满意度不断提升。

第五，从职业指导看，毕业时取得资格证书的占毕业生总数的78.65%。在直接就业学生中，通过学校推荐就业的占总数的73.32%，通过中介介绍就业的占6.84%，通过其他渠道就业的占19.84%，学校推荐仍是就业主渠道。

四、职业教育的主要影响因素

（一）社会因素

1. 人口状况

人口中的年龄结构、性别结构、学历结构、技能水平结构、出生率等要素，一直是职业教育发展规划要考虑的非常重要的要素，它对职业教育规模发展有较大影响。比如当前中国技师非常紧缺，那么技师培训就可能成为中国职业教育发展的一个很重要的生长点。出生率的高低也是职业教育规模起伏的一个非常重要的因素。

2. 社会分层

一个社会的分层过于明显，不同社会阶层之间的差距过大，并且社会的垂直流动很困难，则有可能使得社会成员希望通过教育来改变自己原有社会地位的愿望很强烈，促使他们更多地选择普通教育，而不是职业教育，从而给职业教育发展带来困难。

（二）经济因素

1. GDP增长状况

一般地说，GDP的增长，会带来更多的就业机会，从而促进职业教育规模的扩充。当然，这一效应到底如何，还要视其他因素的作用而定。另外，就业机会的增多，社会处于低失业状态，有可能使得雇主为了争夺工人而积极地参与职业教育，带来职业教育模式的变化，并进而影响到职业教育课程。

2. 经济发展水平

根据经济现代化的程度，可以由低到高把经济发展水平划分为四个阶段：传统农业型经济；正在进行现代化，但仍贫穷的经济；富裕但仍在进行现代化的经济；富裕并且已完成现代化的经济。处于不同经济发展阶段的国家，其间的差距绝非仅仅是GDP在量上的不同，更重要的是整个社会形态可能存在本质上的不同。正在进行现代化的国家由于非常重视经济的发展，因而可能会非常强调职业教育，导致其职业教育规模的扩充，并且其课程往往功利主义比较强。而富裕国家的职业教育课程，则可能更多地考虑它对人的发展的作用，以及它的社会作用，如它在消除社会不公正中的作用。

3. 市场的理性化程度

混乱的市场带来的一个后果是，市场奖励的不是市场经济的根本——产品质量，而是假劣、克扣工资、广告效应等其他要素。市场主体不是通过提高产品质量来获得利润，而是通过假冒伪劣、坑害顾客，或是克扣、甚至拖欠工人工资，来降低成本、获得利润，或是通过不真实的广告，欺骗顾客，来达到营利目的。异化了的市场经济损害的并不仅仅是市场经济本身，它同时对职业教育的发展造成了极为不利的影响。只有当市场主体致力于提高产品质量时，他们才会对职业教育发展提出要求，才会积极地参与职业教育，从而促进职业教育规模的扩充和模式的转换。而在一个蔑视产品质量的市场经济中，职业教育是不存在发展的根基的。

4. 产业结构

现代职业教育制度的建立，规模的大量扩充，以及现代意义上的职业教育课程的建立，在很大程度上得益于工业革命。正是工业革命使得产业结构由以农业为主转向了以工业为主，才使得现代职业教育的发展成为可能。而当产业结构由以工业为主转向以服务为主的时候，职业教育必然又要面临一个新的全面的变革。

5. 企业结构

企业结构是一个内涵比较丰富的概念，这里暂时只讨论企业的规模结构。无疑，一个以大型企业为主的国家，和一个以中小型企业为主的国家相比，其职业教育模式会有很大差别。大型企业由于雄厚的经济实力，以及对企业文化的个性的突出强调，更倾向于实施企业内培训，而中小型企业由于缺乏足够的经济实力，以及企业的个性不是很突出，因此更倾向于劳动力的社会公共培养模式。

企业结构会对职业教育课程产生影响。在以大型企业为主的国家或地区，由于企业更倾向于自己培养劳动力，因此学校职业教育的课程更倾向于普通性，而不是岗位相关性；而在以中小型企业为主的国家或地区，由于企业对劳动力的公共培养依赖比较大，因此其课程往往更倾向于岗位相关性。

6. 劳动力市场模式

世界各国的劳动力市场大致可划分为两类：内部劳动力市场和外部劳动力市场。外部劳动力市场是一种鼓励员工在雇主之间自由流动的市场，但限制不合格员工进入市场。内部劳动力市场是鼓励员工在公司内部沿提升阶梯垂直流动的市场，流动的凭据是其对公司的绩效。在这种市场中，从外部直接进入高于初始职位的可能性几乎为零。劳动力市场的类型会直接影响一个国家的职业教育模式，乃至课程。一般地说，实行外部劳动力市场的国家，其职业教育模式多为学校本位；实行内部劳动力市场的国家，其职业教育模式则取决于其他因素。

7. 劳动力失业状况等

一个国家的失业状况会在很大程度上影响其职业教育的规模。如果与学术教育相对应的职业的就业率高，而与职业教育相对应的职业的就业率低，则人们更倾向于接受学术教育，对职业教育的需求自然降低。反之，如果与学术教育相对应的职业的就业状况比较差，而与职业教育相对应的职业的就业状况较好，则许多人会选择职业教育，从而提高人们对职业教育的需求。

（三）教育因素

1. 教育哲学

教育活动是由教育者们进行的，因此他们的教育哲学必然会对职业教育的规模、模式与课程选择产生直接影响。当某种教育哲学成为一个社会的主流观念时，便可把它看作脱离个体而存在的一个宏观因素。

2. 教育体系的发展

职业教育是整个教育体系中的一部分，因此教育体系中其他部分的发展，必然会影响到职业教育发展，有时这种作用甚至是非常巨大的。教育体系的发展，还可能影响到职业教育模式乃至课程。因为当职业教育发展遇到困难时，职业学校有可能会去寻求新的职业教育模式。

3. 职业教育自身的现实状况

职业教育自身的设施条件、教育教学质量、专业、课程设置的合理性等，也是影响职业教育发展的重要因素。比如中国职业教育办学的困难，就和职业教育自身质量比较差有很大关系。

第二节　国外职业教育模式比较

为了更好地发展我国的职业教育，有必要对国外职业教育模式进行讨论，学习和借鉴国外的职业教育先进的、成形的经验，洋为中用，促进我国的职业教育进一步发展。

一、国外职业教育的几种模式

（一）英国的 BTEC 模式

BTEC 即英国商业与技术教育委员会，最初成立于 1986 年，由英国两大职业评估机构——商业教育委员会与技术教育委员会合并而成。英国 BTEC 把通用能力和专业能力相结合作为人才培养的目标。通用的含义不是针对某一具体的职业，而是从事任何工作的任何人要获得成功所必须掌握的技能，即跨职业的、可变的、有助于终身学习的、可发展独立性的能力。BTEC 的标准课程要求适用于世界各个国家，任何一门课程无论是在英国还是在其他国家教授，其所包含的科目单元及所取得的学习结果都是一样的，学生得到具有国际标准的、普遍被接受和认可的资格。

（二）澳大利亚的 TAFE 模式

TAFE 即技术与继续教育，产生于 20 世纪 70 年代，现在已经成为澳大利亚职业教育体系中的重要支柱，形成一种在国家框架体系下以产业为推动力量、以客户为中心、进行灵活多样办学、与中学和大学进行有效衔接的高质量的教育培训体系。这种体制有以下几个重要特征：一是国家教育协调管理的一致性；二是由政府组织建立以国家经济社会发展服务为目标的培训指南；三是职业教育与培训的实施体系保证了培训指南的有效贯彻。目前，有 70%的中学毕业生进入 TAFE 学院学习，TAFE 的文凭证书在全国是互通与承认的，获得文凭证书后可以申请进入大学学习。

（三）新加坡的教学工厂模式

新加坡在发展高等职业技术教育的过程中，非常重视借鉴德国的“双元制”，在借鉴德国“双元制”的基础上，将学校、培训中心、企业三元合一，创建了新加坡的“三元制”——教学工厂。这种教育模式包含非常丰富的内涵：① 教学工厂的学校管理是倡导以人为本的管理；② 教学工厂的教学过程实施分组模式的教学组织，对每一学员根据实际情况进行“量身定制”；③ 教学工厂模式集中体现在人与环境这两个方面，即以高水平的“双师型”的师资队伍为支撑，以综合科技、专业科技中心等教学环境为背景的一种办学模式。

（四）加拿大和美国的 CBE 模式

CBE 直译为“能力为基础的教育”，一般译作“能力本位教学模式”，是一种适用于高、中等职业教育和在职培训的教学形式。CBE 模式的特点是：① 以岗位（岗位群）的职业能力作为培养目标和评价标准；② 以能力作为教学的基础；③ 强调学生自我学习和自我评价；④ 教学的灵活性和管理的科学性。CBE 的整个教学目标的基点是如何使受教育者具备从事某一特定的职业所必需的全部能力。这里所说的能力，不仅仅是指操作能力、动手能力，而是一种综合的职业能力。

（五）德国的“双元制”教育模式

德国的职业教育是从中世纪的学徒制发展到目前企业和事业学校合作培养人才的“双元制”教育模式。学生在 3 年的学习期间培养的主体是工厂、企业，他们在企业的工作和学习的时间为 70%~80%，在职业学校学习的时间仅占 20%~30%。

在企业中的学习以实际操作为主，在职业学校的学习则以公共课程，如文学、外语、公共关系学等，以及专业基础课程为主。这种“双元制”的共同培养模式具有突出的特点，国内学者已有过一些介绍，此处不再赘述。

1. 德国职业教育的方法

德国职业教育的方法无论在学校还是在企业均打破了传统的以课程为体系的注入式教学方法，而采用项目教学法（国内有译为行为导向、任务导向等），即学生通过项目的计划、实施、检验等，学习与今后工作密切相关的知识。这种项目工作法有些学校分为七步，有些分为六步，其核心意义为面向学生今后可能从事的职业工作进行练习，通过完成项目培养学生自主学习、团队合作及独立工作的能力。

这种面向职业工作任务的教学方法打破了传统式以教师为主导的注入式的教学方法，教师扮演教练员和导演的角色，教学的主体为学生自己，学生成为运动员和演员，独立自主地学习和工作，教师起辅导、指导、帮助的作用，仅在完成项目中遇到困难时进行辅导和帮助，在总结时进行指导。该方法在德国已运行超过30年之久，取得了良好的效果，得到了各方面的好评。

2. 德国职业教育的特点

第一，方向明确、及早分流。德国学生早在小学毕业时通过和家长、老师协商，便决定自己将来是进入科技界当科学家、白领阶层还是当技术工人、售货员、厨师、护士等。进入中学时已基本决定其发展前途，如选择普通中学或实业中学，毕业后接受职业教育；选择完全中学，接着读高中后上大学进入白领阶层。由于观念的转变，他们并不认为当技术工人、护士、售货员、厨师低人一等，只是由于家庭条件、历史根源等进行了职业选择，如父亲是厨师，小孩子从小就喜欢厨师，则选择了这种职业，基本上不存在职业的歧视，因此学生不存在思想上的压力，不会产生自暴自弃的心理。

第二，义务教育、学生就业有保证。德国的职业学校由州政府提供经费，学生无需缴纳学费。在进行职业教育之前学生必须先竞聘工厂企业的学徒岗位，一旦被聘任方能接受职业教育，学习期限为3年。这3年的生活费由招聘的企业提供。费用的高低视地区和工作的差异，为每月500~700欧元。这样对学生和家长来说，没有生活和学费的压力。学生通过3年学习后，必须通过德国政府授权的德国工商会的统一考试取得技工资格证书，绝大部分学生即可在原来招聘的企业从事技工工作，学生无就业压力。对工厂企业而言，由于学生70%~80%的时间在工厂学习和工作，会给工厂创造一定的财富，工厂企业的负担会得到减轻。更重要的是，通过这种方式招聘的技工对企业有感情，大多愿意终身为企业献身，因此它是一个家长、学生、企业和社会多方面受益的良性循环结构，从而可以长期、健康持续地发展。

第三，职业学校的毕业学生可以直接上岗，无过渡期，有利于企业的发展。由于采用“双元制”教育模式，职业学校的学生大部分时间在企业接受培训和实际工作，因此毕业时已比较熟悉和了解工厂的生产环境，工作岗位对工作能力的要求，并已实际工作相当长的时间，能够适应这种工作要求，因此学生毕业即可零过渡直接上岗。有别于我国职业学校毕业的学生，由于不熟悉工厂的生产情况，需要经过一段时间再培训的过渡期，给企业带来一定的压力和负担。

第四，严格的考试制度，保证技术工人的质量水平。德国的技术工人资格证书只能由受政府委托授权的德国工商会颁发。其前提是职业学校通过3年学习的毕业生，必须参加全国统一的考试。这种考试类似于我国的全国统一高考，即每个行业的工种，须在全国统一命题，同一时间进行考试，其监考和评分则由德国工商会组织专家进行，通过这种考试才能获得全德国认可的技工资格证书。这样便有效地控制了专业技术工人的质量，保证考试的技术工人达到一定质量水平。

第五，优秀的教学团队，良好的教学设施。德国职业学校的教师，尤其是专业课教师大多具有丰富的实际工作经验。企业中从事培训徒工的培训中心的教师也多是由有相当长工作经验的技师来承担。在教学团队的层面上，我国职业学校的教师配备具有一段差距。虽然目前教育部、人力资源和社会保障部也在强调加强“双师型”师资队伍的建设，但与德国相比，还须不断努力改善职业学校教师队伍的结构，增强其理论联系实际的工作能力。

在职业学校教学的手段和设施上，德国的职业学校除拥有供学生学习操作的普通设备外，还在不断增添少量先进的实验和生产设备，以满足科技不断发展进步的需要，企业中拥有的先进设备，学校也能装备少量先进的实验和生产设备，而我国职业学校的设备普遍较为落后。德国职业学校在校生数量远少于中国的职业学校，因此他们每台设备的平均使用人数较少，学生练习的机会较多，有利于操作能力的提高。

第六，政府和企业高投入，保证职业教育的良性发展。在德国，从政府到企业已经充分认识到未来的竞争必然是人才的竞争。像德国这样一个幅员较小，人口密度相对较大，又无矿产资源的国家，只能靠高科技和掌握高科技的人才去竞争，因而在人才培养方面无论是科技人才还是技术工人，均给予高度重视。国家的教育经费每年均超过GDP的6%，必要时还在不断地追加。企业也意识到：没有优秀的、愿为企业奋斗终生的技术工人，只有工程师和科学家，企业也不可能长期生存和发展。因而从徒工开始便投资进行培训，直至成为技术工人和技师，从而使企业受益终生。

二、国外职业教育模式的比较

（一）相同之处

1. 体现了以学生（受训者）为主体的思想

BTEC、TAFE、教学工厂、CBE这四种人才培养模式在整个高职教育的专业教学过程中均表现出以学生为主体的教育思想。BTEC 强调学生是学习的主人，强调学生的自主学习，使学生学会学习，鼓励个人潜能的开发。TAFE 学院明确提出办学宗旨：一切为了学生，教学以学生为中心，学生是顾客、是用户。教学工厂的学校管理是倡导以人为本的管理，它在教学方法中倡导以学生为主体的“整合式”“反复式”“处境式”“渐进式”等教学方法，调动学生的学习主动性和学习兴趣。CBE 模式重视个别化学习，以学生为中心，注重学而非注重教，学生可根据自己的基础和接受能力安排学习进度，选择适合自己的学习方式。

2. 培养目标以职业能力为本位

BTEC 明确要求培养学生七种能力：自我管理和自我发展能力、与人合作共事能力、交往和联系能力、安排任务和解决问题能力、数字运用能力、科技运用能力、设计和创新能力。澳大利亚的 TAFE 为使学员能较快适应社会职业岗位的要求，专门研究并制定了国家能力标准。新加坡的教学工厂把学生的生存能力放在第一位，主要培养学生的实践能力和实践中的自学能力。CBE 则强调学生综合素质分层次地提高和能力的复合。

3. 注重实践

BTEC 重视培养学生的实践能力，其教学场所不仅在学校，还有计划地安排学生到工作现场学习实践，到社会上去调查研究，以课业或专题的形式表现出来。TAFE 教育没有理论教学体系和实践教学体系之分，其理论与实践是密切结合的，这种方式可以称为理论实践的一体化。教学工厂最大的特点就是给学生提供了一个与实际工作环境相差无几的模拟空间，学生随时可以进行模拟现场操作。CBE 的教学活动基本上都是在实训课堂完成的，其教学注重实践技能服务和“够用”为原则，根据岗位要求的能力确定传授理论知识的度。

4. 注重校内外教育资源的整合

BTEC、TAFE、教学工厂、CBE 这四种人才培养模式都强调整合现有教学资源，实现专业内课程资源、专业之间教学资源、校内教学资源、校园与社会相关资源的整合。BTEC 完成了从校内实习、实践场所到企业现场的系列化的教学资源的建设。TAFE 强调一定要联系企业实际，根据企业需要开设专业和课程，使企业与学院之间的信息能相互沟通。新加坡各高等职业技术学院多采用“教学工厂”这样一种以培养应用型人才为目标的教学模式，学院主动与企业和各行业一起研究教学工厂计划。CBE 与社会有关业务部门建立长期稳定的协作关系，为学生提供从事实际工作的机会，从而达到进一步培养学生职业岗位能力的目的。

5. 重视师资队伍建设

BTEC、TAFE、教学工厂、CBE 这四种人才培养模式都十分重视职业技术教育教师队伍建设，如 BTEC 教学要求教师的知识更新速度必须加快，积极参加学校定期开展的教师培训，制订个人近期和远期的培训计划。TAFE 的师资队伍可以称之为职业性的师资队伍，必须有技能等级证书，教师必须在教学与实践中不断自我提高。教学工厂重视教职人才，营造优良的工作环境，对于“三师”型人才，不但聘以高级职称，还要优先选送出国留学，使其掌握最先进的技术。在 CBE 教学中，教师要经常进行科研流动，有自己的试验示范基础，并坚持到生产第一线去指导实践，在实践中不断提高自己的动手能力。

（二）不同之处

1. 产生的背景不同

20 世纪 80 年代，受政治、经济和新职业主义思潮的影响，英国政府非常关注劳动队伍的技能开发，并提出“为成功的未来而开发技能”的培训目标。在此背景下，BTEC 由英国商业教育委员会与技术教育委员会合并而成。20 世纪 80 年代，澳大利亚因为贸易状况的恶化和原来传统的支柱产业的衰落，在促进经济振兴和工业重建的过程中，政府意识到了改革职业教育与培训体系、扩大培训对象、提高培训绩效的重要性。1989 年，成立了国家培训部，教学工厂这一概念是南洋理工学院院长林靖东先生，在痛感大多院校毕业生不能够很快适应工作岗位的需求，企业界要求学校必须重视实践能力培养的情况下，借鉴德国“双元制”的教学模式，而提出的一种适合现代科技发展和职业技术教育需求的教学模式。CBE 产生的经济背景是 20 世纪七八十年代，产业界需要教育部门能多听取他们的意见，满足他们对各类从业人员更适应分工日趋细化的岗位需要。

2. 理论基础不同

BTEC 确立的理论基础是“以学生为中心”的教育理念，重视发展学生的理解力、判断力和独创精神，鼓励学生独立思考、大胆质疑。澳大利亚 TAFE 成功的关键是建立了在终身教育思想基础上以能力为本位、以就业为导向的教育理念。基于这一理念 TAFE 突破传统一次性教育的局限，建立“学习—工厂—再学习—再工作”的终身教育模式。教学工厂是将实际的企业环境引入教学环境之中，并将两者整合在一起，以学院为本位，在现有教学系统的基础上设立的。教学工厂的发展经历了校园内的工厂模拟、模仿到整合的发展过程。CBE 的理论支柱可以归纳为三点：一是系统论和行为科学；二是美国教育家布鲁姆提出的“有效的教学始于准确希望达到的目标”；三是教育目标分类学认为“只要在提供给恰当材料和进行教学的同时，给以适当的帮助和充分的时间，90%的学生都能掌握规定的目标”。

3. 课程设置不同

BTEC课程体系采用模块化编排，每个模块保持完整的整体，课程模块被分为核心模块和等候模块。这种模块化课程编排方式既注重基本知识和能力，也注重具体岗位知识、迁移能力的发展。TAFE的课程设置中不设公共基础课，只设有专业基础课和专业课，必修课与选修课共存。教学工厂的教学计划根据工业发展的需要制订，强调实用性。在课程的安排上，借鉴德国“双元制”的经验，第一年为基础课，让学生掌握宽广的从业理论和基本知识；第二年是专业课；第三年里，半年学习应用课程，半年搞工业项目设计。CBE模式确立了一种建立在宽厚的专业训练基础之上的、综合性的、并以职业活动为核心的课程结构，所有课程都分为基础培训、专业培训和专长培训三个层次，呈阶梯式逐渐上升。

4. 培养途径不同

BTEC的教学过程是围绕学生的“学”进行教学设计的，强调组成学习小组进行活动，教师针对学生的差异，指导学生合理组合搭配，让学生充分发挥自主学习的能动性。TAFE的人才培养途径非常灵活，可以根据自己的工作、生活情况选择全日、半日制、函授等学习方式。学生可以在校学习，也可以在任何一个地方学习，只要通过评估积累到一定的学分，就可以取得证书和文凭。新加坡的高等职业技术教育注重采取多形式、多渠道进行培训，如海外培训、国际联合培训等。CBE的人才培养主要是通过学校和教师为学生提供完善的学习条件和帮助，由学生自己努力来完成的。学生按照与教师共同商定的教学计划，到学习资源室、实训课堂或在教师指导下，或利用个人学习系统，循序学习、掌握专项能力。

5. 评价方法不同

BTEC考核评估的目的是考核学生解决实际问题的能力，主要通过课业的完成过程全面评估学生学习达到了什么专业能力，并测量通用能力的发展水平，所有这些都以成果形式作为教学评价的依据。TAFE学院的教学质量认证和评估由国家和州的行业培训顾问委员会负责操作。TAFE建议教师采用12种标准测试方法（观测、口试、现场操作、第三者评价、自评等）中的某几种作为对课程的考核手段，考核结果要求符合“五性”，即有效性、权威性、充分性、一致性、领先性。新加坡政府通过立法强化职业技术教育，使“先培训、后就业，未经培训不得就业”成为一种制度。新加坡拥有严密的考试制度，所有技术经考核得到生产力局的承认、监察，可获得相应的等级证书，有职业证书者方可谋求职业。CBE 制定全面的质量标准，建立完善的学生自我评估体系。CBE 强调学生的自我评估，重视学生反馈能力的培养，应将自我评估纳入考核制度。成绩考核，不采取学期或学年考试，而是按学习单元（模块）考核，及格者继续进行下一段学习，不及格者重新学习直到掌握，以保证质量。

第三节　我国职业教育模式及认识

一、我国职业教育的基本模式

我国近代职业教育始于 19 世纪中叶的洋务运动，以福建船政学堂为标志，首先学习英法，后来重点转向后起之秀的美日。

新中国成立之初，以苏联为师，建立起以中专、技校为主体的职业教育制度。20 世纪 50 年代后期，中国走自力更生的道路，职业教育开始进行两种教育制度和两种劳动制度探索，即全日制教育与“半工半读”“半农半读”教育，后因“文革”而中止。

改革开放以来，国家大力发展职业教育，提高广大劳动者素质、优化教育结构、促进就业。职业教育广泛借鉴来自发达国家的先进经验，如国际劳工组织推行的模块教学（MES）、日本的产学合作、德国的“双元制”及其工作过程导向教学法、北美的能力本位（CBE）、澳大利亚的 TAFE 培训等，并逐步融入我国职业教育的实践之中。

我国职业教育坚持以服务经济建设为中心，边学习、边试验、边消化，与时俱进、快速发展，走出一条自主发展的新路，一个正在崛起的发展中大国的职业教育的特色基本确立，承载和表征中国职业教育发展的模式日渐清晰，这就是“一体化”模式。

我国职业教育的特性常常被凝练为“产教融合、校企合作、工学结合、顶岗实习”。若要简明而深入地揭示我国职业教育的基本特征，笔者认为，可用“一体化”模式来表达。

职业教育依托行业企业采取“一体化”的办学形式，在我国有着历史基础和成功经验。福建船政学堂作为我国近代第一所职业学校，依托福建船政局，与之同步建设；新中国成立后的中专、技校都有一定的行业企业背景或厂校同建基础。可见，由用人单位参与，面向社会、校企合作、工学互动的培养格局，是职业教育建立和发展的基本生态结构，也是基本的历史事实。

陶行知先生关于“教学做合一”的主张，奠定了“一体化”教学思想的基础。20 世纪初，美国实用主义哲学家杜威提出“从做中学”的教育主张，陶行知先生把杜威的思想做了本土化改造，发展为“教学做合一”的生活教育理论，强调“做”是教与学的内容与方法的共同依据，“一体化”教学具有了可操作性。同一时期，我国现代职业教育奠基人黄炎培先生提出了大职业教育方针，强调社会化是职业教育发展的生命线。这些鲜活的“一体化”职业教育思想理论，在当今已变成职业教育生动的实践。

以职业学校为主导实施职业教育，“一体化”模式是一种必要的选择。通过兴办职业学校发展职业教育是我国近代以来形成的传统，但有一个问题长期得不到解决——学校以培养人为目的，企业以营利为目的，两者之间没有稳定同步的“交集”。校企合作长效机制需有共同的利益基础，要求职业学校必须将“一体化”教学成果运用于实际之中。

“双师型”教师是我国职教师资队伍建设的重点和特色，其“一体化”素质适应了职业学校教学改革的需要。对“双师型”教师虽然业界有不同的认识，但职业学校最看重的是“理实一体化”的教学能力。

“一体化”符合职业学校人才培养规律和改革发展方向。对于分科、分段教学，大家习以为常，提出“一体化”教学，有人担心会打乱现有课程和教学组织结构，会削弱教育的基础。其实，从实践到认识是人类认识规律的基本顺序，而作为浓缩人类认识过程的学校教育往往反其道而行，即使在实践性主导的职业学校，课程逻辑也依然是从文化课到专业课，从书本到实习。职业教育并非排斥理论，而是要用合理的方式让学生掌握有意义的理论。“一体化”是理论与实际紧密结合的黏合剂，也是对职业教育尊重技能人才成长规律的理性认识。

二、认识“一体化”模式的深刻含义

职业与教育之间的“一体化”可视为职业教育与生俱来的特性。与传统学徒制相比，现代职业教育有了更多的内涵，强调理论与实践的融合，形成“一体化”工作能力，而不是单纯靠经验模仿、实践锻炼中成长起来的技艺。

职业教育如何将社会蕴藏的教育能量和学校内在的教育力量统合起来是“一体化”的焦点。如聘请企业技术人员兼职参与职校教学，企业接纳学生见习实习；如何使专业理论与专业实践两类教学相得益彰、相互贯通；如何将正规教学与课外活动结合，发挥学校系统教育的优势；如何在文化课程与专业课程之间建立起逻辑的、递进的关系；如何使德智体美互为载体，使教学活动与管理行为协调一致，形成职前与职后顺利对接、面向终身教育的现代职业教育体系等。理顺多层次、多方面的关系，从宏观到微观构建理论与实践相统一的育人体系，形成职业教育的聚合力，需要“一体化”的思想方法与策略。

职业教育在推行“一体化”模式的过程中，要防止极端化倾向，如用“一体化”教学全盘否定学科教学。面对日益丰富且细分的专业及其知识技能，分类、分层、分科教学是教育活动科学发展的历史选择。“分”是教学得以深入的必要手段，“合”又是学以致用的必然要求，“分”是过程，“合”是结果，“分科”与“综合”在课程体系中是辩证统一的整体。职业教育推行“一体化”并不意味着取消课程分科，而主要是改造传统意义上知识传授与技能训练相对分割的课程思维，改变现有学用分离的教学组织形式，重视在分的基础上特别是分的过程中实现及时的综合（如模块化教学），在“教学做用”相贯通的原则下建构由低到高的职业能力体系。

党的十八大报告提出的道路自信、理论自信、制度自信，深刻阐明了中国特色社会主义的发展成就和对现代社会发展的贡献，这同样给了中国职业教育以自信。“一体化”模式是我国职业教育长期改革发展积淀而成的，它集中体现了我国以学校为主体的职业教育在学校与社会关系、教学内容建构、教学组织形式、教学方法运用和师资队伍建设等方面的特色，适合我国国情，符合中国文化包容共生的特点。“一体化”模式在理论与实践中已经具备了可靠的成熟度和广泛的共识度，当前职业学校积极开展的工作过程系统化教学改革试验也是对“一体化”模式不断深入的探索。

面对复杂多变的职业分工和教育对象，职业教育要处理好服务社会和发展学生个性的关系，需要“一体化”的办学理念、课程结构与教学方法。不断研究、发展和完善“一体化”模式，有助于更好地塑造中国职业教育独特的品牌形象，同时也给作为一种类型教育的职业教育健康发展以更多的自信。

三、国内外职教模式比较的启示

通过国内外职教模式比较，我们在一定层面上受到启发。在发展与建设中等职业教育的时候，重点应该考虑我国职业教育体系的完善；职业教育人才培养模式的进一步改革；抓好职业教育教材建设；我国职业教育校企结合的长效机制；建立与完善资格认证制度；如何在职业教育校企结合机制中发挥政府的作用。

1. 构建我国职业教育体系

我国教育体系的建立已有悠久的历史，按学科体系设计和组织教学已成为一种思维定势。而职业教育是以人的能力为本位的，培养的是技术型、应用型人才。其教学过程始终贯穿着以职业能力为本位的课程设置思想，是以社会和经济现实、和未来发展趋势的需求为导向的人才培养的一种教育模式。它不仅要有扎实的专业知识，还要有经过严格训练的熟练技能，同时要掌握必备的文化知识。它要培养具有综合职业能力和素质的直接从事生产、服务、技术和管理第一线工作的技术型、应用型人才。应该借鉴国外流行的职教模式的经验，突出职业教育的“职业”特色，明确职业教育的发展定位，充分发挥职业教育的自身功能，逐步建立起一个从初级到高级、行业配套、结构合理又能与普通教育相互沟通的职业技术教育体系，真正实现我国职业教育的经济作用和构建和谐社会的社会功能。

2. 改革职业教育人才培养模式

人才培养模式是职业教育改革的核心，是培养和造就什么样的人才最根本的问题，职业教育内涵提高和质量建设是关键。根据我国国情，我国的职教模式应该是培养既具有一定理论水平，又熟练掌握某一复杂职业（或某岗位群）综合能力的德、智、技、美全面发展的，完成岗位技能基本训练的职业型（包括应用型、技能型、工艺型）、素质型（包括专业素质、文化素质、心理素质、身体素质）、品德型“三型”人才。所以，必须要改革传统职业教育单一的“理论高手型、实践低能型”的人才模式，探索产教结合、校企合作、“定单式”的新型人才培养模式。必须改革专业设置和教学内容，建立新的课程体系和教材体系。在专业设置上，要根据地方经济建设对实用型人才的需求及时进行调整。要通过深入的调查研究，以敏锐的眼光，及时发现潜在的人才需求，适时开办相应的新专业，形成自己的专业优势。同时，教学内容要以培养一线人才的岗位技能为中心，充分体现培养目标。按照理论教学与实践并重、相互渗透的原则，适当增加实验和实训的比例，实践教学环节占总学时的40%～50%，并争取做到“企业有多大，基地就有多大”。改革专业过于狭窄的状况，实行弹性学制等，探索不同专业的教学体系和人才培养模式。

3. 抓好职业教育教材建设

要站在专业前沿，抓好职业教育教材建设。职业院校要依托行业协会，按照行业的国家标准和国际标准积极参与教材建设。教材改革应加强宏观调控和政策倾斜，不能只靠下发几个指导文件来推进教材改革。必须设置相应职能部门、监督部门等层面进行系列配套改革，做符合职教人才培养模式的精品教材。

4. 建立我国职业教育校企结合的长效机制

探索产教结合、校企合作，充分发挥行业、企业在发展职业教育中的作用的办学路子，并且建立长效机制，是职业教育的本质属性决定的。产学合作、社会参与是职业教育的基本特征，也是充分利用社会资源的基本渠道。产学结合的“产”不仅是单纯意义上的企业生产，是指学生在实践环节中具有真实性的就业岗位环境，不包括校内实验和一般性实习，但不排除校内的仿真性实训基地；“学”就是把学生的学习过程放到未来就业的岗位环境中去，让学生接触社会，了解和熟悉他们将所从事的工作，从而在心理和技能上产生适应，并形成培养目标所需要的职业能力。产学结合又称产教结合。前者的“学”是对受教育者而言，后者的“教”是对教育者而言，尽管提法有异，但本质相同。产学结合中，学生在企业的实训并没有统一固定的模式。尽管企业情况千差万别，但企业完全是将学生培养纳入到了正常的工作之中。学生选择企业实训几乎都以就业为导向，企业选择学生则是以员工实际岗位培训和顶岗为目的，二者具有明显的一致性。学校将企业看成学校人才培养的重要基地，企业将学校视为企业未来员工的加工厂和技术之源。由此，这种互动互利的产学结合、校企合作新型关系是良性的、可持续发展的。产学双方要努力加强对话：学校应主动采取行动，积极满足产业界的需要；企业应完善与产学合作有关的各项制度，建立完备的交流基础。只有引进产学结合的办学机制，充分发挥校企的各自优势，才能真正做到成果共享，尽快增加教学投入，改善教学条件，提高教学质量。

5. 完善资格认证制度

为确保职业教育与普通教育的同等地位，应成立一个机构规范职业教育的管理，建立一个统一的全国性资格证书体系来保证各职业资格相互间的认可。加强学术教育与职业教育的一体化，完善学术资格与职业资格之间的转换；实行职业资格证书和毕业证书并举的制度，增强两者之间互补的灵活性和渗透性。国外职教很受欢迎的一个重要原因就是国家实行严格的职业资格证书制度。《中华人民共和国职业教育法》也规定劳动者在就业前或上岗前接受必要的职业教育，并实行学历证书、培训证书和职业资格证书制度。这项制度应加紧加快予以落实。

此外，政府有关部门进一步加大力度，推进持证上岗制度，并采取必要的机制调动社会各方面参与职业教育的积极性并形成内在动力，提高职业教育的社会地位。国外职业教育之所以具有活力、发展迅速，是因为它把证书教育、学历教育和学位教育有机结合起来。实际上证书教育是市场需求的风向标，是职业院校课程设置的重要参考，也是职业院校发展的活力所在。因此证书教育的培养潜力巨大，应该给予足够重视。我国在职业教育实施“双证书制”过程中，不必关注如何接受职业教育和培训，也不必考虑所花费时间，只要在培训考核中达到能力标准，就应认可其培训合格和取得职业资格。因此，应该建立一套对各类人员先前学习和现有能力的认可机制，构建起一条互认互转的通道。

另外，如何让职业教育成为“满足人民群众终身学习需要”的主角，搭建起一条让学员可以在不同培训机构、不同院校，包括学历教育与非学历教育、中等职业教育与高等职业教育、普通教育与职业教育等不同教育类型之间顺利转学的“立交桥”，必须像国外流行的职教模式那样，早日建立集学历与职业资格于一体的、中国特色的国家资格框架体系，使各类职业资格认可有统一权威性的认可标尺，为各种职业资格、各类学校的学习认可和转换提供一个标准参照系。

6. 探索我国职业教育校企结合机制中政府的作用

发展职业教育，离不开政府的作用。政府对发展职业教育要做好宏观规划和管理，发挥行业指导机构的作用。从职业院校教学过程的微观层面上看，国家应该制定和颁布相关政策，支持和鼓励行业中介机构的建立和发展，让行业和企业真正参与到职业教育的教学过程中来。我国成立了全国职业教育指导委员会和各行业教学指导委员会，应依法授予其相当于国外行业协会的实际职能，设专款专人负责行业技能标准的制定、修改，对职业教育的教学计划进行认定，对行业职业技能标准执行情况定期调查，征求企业对职业教育的意见和要求，加大对行业职业教育管理的发言权，切实对本行业的职业教育提高质量负起责任，并对国家出台有关职业教育的政策、法规提出建设性意见。在充分发挥行业、企事业组织及其他社会力量办学的积极性的同时，各级政府应拿出必要的财力，保障职业教育的发展，对行业、企事业组织及其他社会力量举办的职业教育机构也应给予必要的资助。要真正实现职业院校开放灵活的办学，政府还必须逐步让更多的私立职业培训机构、民办职业院校也加入到与公办职业院校共同竞争国家财政拨款的行列。

第四节　中等职业教育的核心问题

一、核心问题的提出

学习支持服务和学习资源是中等职业教育的两大支撑点。从中等职业教育工作开展以来，人们就在不间断地进行研究和实践。现阶段已取得一定成绩，但就如何做好中等职业教育的问题还有待于进一步研究。笔者现在正在开展的中等职业教育核心问题的研究与实践，与他人所研究的重心不同，所要解决的问题不同。在中等职业教育研究领域研究的是：中等职业教育学习支持服务概述，中等职业教育系统设计，中等职业教育系统模型的构建，中等职业教育体系建立的原则和制度保障等。将中等职业教育的研究方向由原来的研究点转移到做好中等职业教育的难点是什么。笔者认为做好中等职业教育的难点就是要做好学习支持服务。要想做好学习支持服务，必须要找出学习支持服务的核心问题，这就是本书的重中之重。经过多年的学习和实践，在此提出学习支持服务的核心问题，瓶颈和结点就是服务者、信息和资源、通道、服务对象。将主要矛盾确定之后，探讨出解决主要矛盾的具体策略。这就使研究的思路和入径发生了变化，它为将来做好中等职业教育工作探索出一条更加符合实际的路径。

经过笔者的研究，探索出中等职业教育的主要问题所在，提出解决中等职业教育主要问题的理论和实践，将会产生巨大的社会价值。

中等职业教育目标是中等职业教育要全面贯彻党的教育方针，转变教育思想，树立以全面素质为基础、以能力为本位的观念，培养与社会主义现代化建设要求相适应、德智体美等全面发展，具有综合职业能力，在生产、服务、技术和管理第一线工作的高素质劳动者和中、初级专门人才。职教生应该具有科学的世界观、人生观和爱国主义、集体主义、社会主义思想，以及良好的职业道德和行为规范；具有基本的科学文化素养、必要的文化基础知识、专业知识和比较熟练的职业技能；具有继续学习的能力和适应职业变化的能力；具有创新精神和实践能力、立业创业能力；具有健康的身体和心理；具有基本的欣赏美和创造美的能力。而为了实现以上的目标，核心的问题就是做好学习支持服务工作。我们所研究的正是实现这一目标的中心所在。通过服务者提供足够的学习信息和资源，又有十分畅通的学习通道，就会实现终身学习的目标。

该问题的研究价值还体现在，将中等职业教育学习支持服务的研究方向由原来的研究点（中等职业教育学习支持服务概述，中等职业教育系统设计，中等职业教育系统模型的构建，中等职业教育体系建立的原则和制度保障等）转移到找出做好学习支持服务的难点是什么上来，只要将服务者、信息和资源、通道、服务对象，这几个关键结点处理好，我国的中等职业教育的两个支柱就会更加坚实牢固。

2. 研究思路

首先以控制论的角度来研究中等职业教育“学习支持服务的含义”，提出“学习支持服务本身就是一项信息和资源制作、传递和接受的过程”。如果学习支持服务过程真正完成，应该符合两个条件。第一，学习支持服务包含了信息和资源制作、传递和接受，如果信息和资源没有被传达到服务对象，则意味着学习支持服务没有完成；第二，学习支持服务包含对服务内容的接受和理解，要使学习支持服务过程成功，学习支持服务的信息不仅要传递出去，还需要被理解和接受。

通过对于中等职业教育“学习支持服务的含义”的探讨，引申出“学习支持服务的关键问题”，即：服务者、信息和资源、通道、服务对象。

学习支持服务过程是一个完整的系统。如图 1-2 所示。

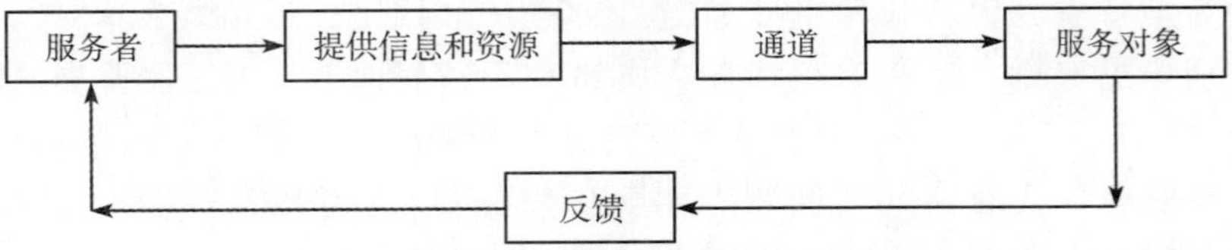

图 1-2　学习支持服务系统过程图

从系统论角度出发，由服务者开始，为服务对象编制信息和资源、通过通道（平台等）提供给服务对象。服务对象对学习支持服务的各类信息和资源是否满意，通过反馈到达服务者手中，服务者根据反馈的各类情报，对前期提供的学习支持服务的各类信息和资源进行修订和改正，进行下一轮的学习支持服务活动。每一次学习支持服务系统活动的周转过程，都会进一步完善学习支持服务活动。

本问题的研究思路就是抓住问题的主要矛盾。中等职业教育学习支持服务活动的主要矛盾就是服务者、信息和资源、通道、服务对象。关键点就是服务者的服务如何顺利地通过通道，传递到服务对象。我们只要有符合中等职业教育的服务者、有畅通的通道、有愿意学习的服务对象和满足需要的资源，就解决了学习支持服务的主要矛盾，其他问题就迎刃而解了。

为确保研究取得实际成果，我们所采用的主要研究方法为调查研究法、文献索引法、经验总结法、比较研究法。调查研究法用于对问题进行广泛而深入的调查，掌握充分而翔实的第一手资料。文献索引法用于对资源、文献材料的收集、整理。经验总结法是对国内外已经取得的学习支持服务方面的经验进行总结、借鉴。比较研究法用于对国外与国内、远期与近期的比较研究。以网络技术、多媒体技术为基础的现代信息技术作为研究手段，采用观察、问卷调查、访谈、测量、对比分析、统计分析等方法，进行多个轮回的研究。

三、核心问题

笔者认为中等职业教育学习支持服务活动的核心问题就是教师队伍（服务者）、数字化学习资源、网络和平台、学习者（服务对象）。它们是学习支持服务工作的基本支撑点，缺一不可，因此，笔者把这几个问题称为中等职业教育发展的四要素。做好了这四个方面的工作，中等职业教育的其他工作和问题都将迎刃而解。

（一）服务者

服务者是指学校的教师、管理人员、技术人员（简称三支队伍）。其中教师是一个多层次教师的集合体，是一个组织结构密切相关的团队型组织。它既具有显性的一面，如在网络视频、面授课堂中出现的主讲教师、辅导教师，另外还有一大批隐于“幕后”的人员，如课程设计人员、主持教师、责任教师、教学设计人员、媒体设计人员等。由于教学信息传播的特殊性，以上人员实际组成了一个关系紧密的团队型组织——教师共同体，他们从各个层面和各个角度向学习者提供符合现代学习的服务。学习支持服务教师队伍应具备育人管理素质、学习发展素质和创新研究素质。学习支持服务教师队伍建设的措施包括：树立远程教育观念，改善教师队伍建设的内外部环境，加强教师队伍的培养与管理。教学管理人员向学习者提供诸如报名登记、课程设置、报考、组织考试及毕业资格审查等日常管理性服务。

学习支持服务教学管理人员队伍应具备教学支持服务素质、资源服务素质和设施服务素质。学习支持服务教学管理人员队伍建设的措施包括：加强教学管理模式及手段建设，做好教学管理人员专业素质建设。而必要的教学技术手段的实施和使用帮助等则大部分依靠技术人员来实现。学习支持服务技术人员队伍应具备创造性思维能力、沟通交流能力、组织管理能力、协作能力、信息技术和教学设计能力。学习支持服务技术人员队伍建设的措施包括：转变观念，建立完善的评价体系，整合教育资源，提高沟通能力，加强团队建设，提升设计开发能力。

（二）数字化学习资源

信息和资源是指学校提供的能够满足所有学习者个性化需求的学习资源。学习资源是学习支持服务的重要基础，各种教学服务是在教学设计的总体框架中对课程资源的设计理念与内容的具体实现过程，课程资源与教学服务共同构成了完整的教学过程。课程资源建设包括文字课程材料的设计、制作与发送，网络课程的设计、制作与发送，多媒体（如 CAI 课件、VCD 教学光盘、VBI 或 IP 课件、微课等）课程的设计、制作与发送，音像课程材料的设计、制作与发送，等等。另外，虚拟图书馆、教学 Blog、网上试题库等也满足了学习者的学习需求，同时，随着技能型教学在教育体系中比重的加大，各类实用性技能（含一些职业技能资格证书培训）资源的需求也越来越大，网上虚拟实验资源和实践性教学资源将是下一步资源建设的重点内容。“十三五”期间，在资源建设方面的重点工作是：资源建设要遵循学校整体发展思路，切实做到合理规划、狠抓重点，不断建设以质量为导向的服务机制，着力为教师提供优质的微课和三分屏录制服务。进一步提升技术专业水平，积极围绕课程录制客观需要进行研发，保证录制设备和场地的完好性和实用性，确保完成课程的录制任务。为教师提供 EDIUS 软件和三分屏软件技术支持，并定期组织技术培训，协助教师顺利完成微课制作工作。在“十三五”期间，切实增强资源研发团队的整体素质，承担微课录制和后期制作的技术配备。依靠学校建成一支高水平的专业技术团队。立足于学校发展转型期的重要战略思想，从资源研发团队管理入手，调整研发团队的组织构成和管理机制。不断培养和提高资源中心现有工作人员的业务素质和技术水平，夯实专业基础知识的同时，不断提高软件计算机实际操作水平。实现“两手抓、两手都要硬”的发展目标，着力形成德才兼备、业务精湛、富有活力、相对稳定的资源研发团队。

（三）网络和平台

学习通道是指学校提供的能够将各类信息和学习资源无障碍地传递到学习者手中的平台和技术手段。学习支持服务离不开各种现代通信技术手段及各种设施，这些成为了教学实施和管理的重要载体。现代教育是以电子通信技术为主要特征的，计算机多媒体技术和网络技术等应用到教学过程中，使得“教学交互”这一困扰教学过程的难题得到了前所未有的技术解决。由双向交互通信技术应运而生的各种教学设施也在教学过程中广泛使用。网络教学平台是网上教学资源发布、网上教学交互开展、教学信息提供及教学管理的主要载体。直播课堂、双向视频会议系统、电子答疑系统、QQ、微信等也成为课程导学、教学交互的重要辅助手段。

（四）学习者（服务对象）

服务对象是指在学校参加学习的学生。通过对近几年的学生数据进行分析，笔者发现学生具有两个显著特点：一是年龄逐年降低，二是文化基础参差不齐。在学习过程中容易遇到三方面问题：其一是学习问题，其二是交流问题，其三是个人问题。

对教师队伍（服务者）、数字化学习资源、网络和平台、学习者（服务对象）四个方面问题的认识和解决将是教育者的长期工作。

第二章　中等职业教育教师队伍建设

搞好中等职业教育的核心问题是做好学习支持服务工作，而教师队伍是做好学习支持服务工作环节中的首要内容。本章重点论述学习支持服务队伍的构成要素，对中等职业教育学习支持服务体系中的教师队伍的现状、工作职责、应具备的素质要求进行了逐项分析，在分析的基础上提出了教师队伍建设的具体措施。

第一节　学习支持服务队伍构成分析

学习支持服务活动的主要矛盾就是服务者、信息和资源、通道、服务对象。关键点就是服务者的服务如何顺利地通过通道，传递到服务对象。只要我们有符合中等职业教育的服务者、有畅通的通道、有愿意学习的服务对象和满足需要的资源，学习支持服务工作就能落实到实处。笔者将中等职业教育学习支持服务队伍划分为教师队伍、技术队伍和管理队伍三部分，本章重点讨论教师队伍。

一、中等职业教育学习支持服务队伍的构成

学习支持服务是以学生为主体的中等职业学习顺利发生和有效达标的重要组织条件和保证。学生学习支持服务是由中等职业教育学习支持服务体系中的教师、技术人员和管理人员组织实施的。对于这三支队伍笔者是这样定义的。

教师队伍：由工作在教学一线的教师构成，主要进行中等职业教育的科学文化知识理论的传授。

技术队伍：主要由在技术部门为教学提供技术服务和保障的技术人员

构成，为中等职业教育提供技术支撑和服务。

管理队伍：主要由教学管理岗位上的各类管理人员构成，主要为学生学习进行支持服务，对教学过程实施监控与评价并对教学进行相应的辅助工作。

中等职业教育环境下的学习支持服务以教师队伍为主导，以技术队伍为支撑，以管理队伍为基础。学习支持服务的三支队伍是相辅相成的，他们之间相互作用、相互联系、相互促进，为中等职业教育提供有力的保障。

中等职业教育学习支持服务对服务能力、服务质量、基础设施、服务条件有着较高的要求。要求学习支持服务体系中的教师、技术人员和管理人员具备一定的办学与服务的技术基础和技能，要有中等职业教育的管理经验。要重视学习支持服务体系工作者的培养培训，打造一支中等职业教育办学与服务经验丰富、服务意识明确、服务能力较强的职业化队伍。

为确保“学习支持服务”系统的有效性，必须建设好学习支持服务体系队伍。如果学习支持服务这三支队伍真正完成工作，应该符合两个条件：第一，学习支持服务包含了信息和资源沟通、传递，如果信息资源没有被传达到服务对象，则意味着学习支持服务没有完成；第二，学习支持服务包含对服务内容的接受和理解。要使学习支持服务过程成功，学习支持服务的信息不仅要传递出去，还需要被理解和接受。

可以说学习支持服务队伍建设是一项重要而又艰巨的任务，在中等职业教育情境中，教师要能够引导、指导和辅导学生学习，实现实时交流。技术人员能够利用现代化手段让学习具有灵活性、便捷性、无线性、个性化的特点，便于学生时时可学、处处可学。管理者能够提高教学质量、学习支持质量、学习资源质量。应努力做到，为每个有愿望、有能力学习的人提供多样化的教育服务。

二、中等职业教育与远程教育学习支持服务体系的差异

中等职业教育学习支持服务体系与远程教育的学习支持服务体系是有所差别的，主要体现在以下几个方面。

（一）学习支持服务支撑的办学规模不同

中等职业教育办学规模，远没有我国远程教育办学规模巨大。据教育部数据统计，截至 2015 年，我国网络本、专科生招生数是 1964468 人，在校生数是 5704112 人，毕业生数是 1360870 人，其规模堪称世界第一。他

们在学习支持服务方面已经取得了较好的成绩，中等职业教育可以借鉴我国远程教育学习支持服务的经验，结合自身特点形成独具特色的学习支持服务体系。

（二）学习支持服务的对象不同

学校传统教育的教育对象具有大致相同的年龄和知识程度，并且是充满朝气的青年，而中等职业教育的学生具有在年龄上偏小和知识程度上偏低的差异。这就要求中等职业教育学习支持服务在教学内容和形式上要更丰富、更灵活，以满足学生的不同需求。

（三）学习支持服务的目的不同

学校教育的根本目的是让学生在掌握基本知识、基本技能之外培养高尚的品德和完善的个性，也就是说既学习科学文化知识，又会做人。中等职业教育当然也有这两方面的目的，但更偏重于知识的学习，特别是就业所需要的动手能力学习，以满足学习者的就业需求。中等职业教育学习支持服务要更具有灵活性、便捷性和个性化的特点。

（四）学习支持服务的要求不同

传统教育以学历教育为主，即学生在规定的学习时间内完成教学计划规定的学习任务，考试合格就可以获得相应的学历证书。而在中等职业教育中除了学历教育外，更多的是技能教育、职业培训和终身学习。他们所关注的是中等职业教育学习支持服务提供的学习内容能否很快地应用于生产实践，学习效果如何。这就要求中等职业教育的学习支持服务体系能够将学习内容和技能掌握紧密联系在一起。

（五）学习支持服务的手段不同

在传统教育中，教学的主要手段是课堂教育，即师生面对面地、连续地进行教学，它的特点当然是教师与学生处于同一物理时空，基本通信媒介是教师的语音，教学这种“服务”是同其“产品”的“消费”同步进行的。师生直接面对面的交流，可以实现相互激励，产生好的学习效果。中等职业教育的学习支持服务的手段应该侧重于实践场所的实地操作，如同企业车间徒工的上岗工作。

第二节　中等职业教育教师队伍构成及素质建设

中等职业教育开展以来，在支持服务教师队伍建设方面，国内各个中等职业教育学校都积累了丰富的经验。认真研究和学习同行的经验，从中得到启示和借鉴，对于学校今后进一步搞好教师队伍建设具有重要的意义。

一、教师队伍的现状分析

教师的学习支持服务理念，应该体现在教学实践过程中，表现在由传统教学观念向现代教育理念的转变，即由以教师为中心向以学生为中心转变，由以课堂面授为中心向以学生自主学习为中心转变，由以教师教授知识为中心向以提供完善的学习支持服务为中心转变。中等职业教育中教师不再是学习的“主体”，而是通过先进的信息手段为学生的自主学习提供优质的学习支持服务，使学生不受地域空间和学习时间的限制，不受学科体系和学制的束缚，可以根据自己构建知识结构和实际应用的需要撷取知识与得到学习指导。结合沈阳市城市建设管理学校自身特点，可以看到现阶段教师队伍在以下三方面还需要进一步加强。

（一）部分教师思想观念陈旧

学习支持服务是“以学生为中心”，教学思想是强调学生的主体地位，学生成为教学信息的加工者、知识的主动建构者，而不再是被动的接收者，在教学中充分体现对学生的尊重、引导和支持，其理论基础是人本主义和建构主义理论。在整个学习支持服务过程中，学生的学习过程主要是学生通过教学媒体进行学习，学习的课程和进度由学生根据自己的具体情况自行决定。教师对学生的学习支持服务不能要求他们齐头并进，而是能够按照学生不同的要求给予学生适当的指导和帮助。学习的主动权主要在学生一方，教师在学习支持服务的过程中起着指导的作用。可以这样说，这种以学生为中心的学习支持服务是将学校带给了学生，而不再是将学生带进学校。在中等职业教育学习支持服务中，教师在“传道、授业、解惑”的工作中首先要转变思想，才能从真正意义上教好学生。

（二）教师队伍结构有待改善

沈阳市城市建设管理学校截至2016年12月共有在职职工79人，其中高级职称21人，占在职人员比例的27%，中级以上职称共37人，占在职人员比例的47%。兼职教师22人，其中高级职称10人，占兼职教师的45%，其中中级职称共12人，占兼职教师的55%。

从统计数据上来看，沈阳市城市建设管理学校教师队伍的规模偏小，初、中、高级职称结构不尽合理。特别是教师实际规模偏小，压缩了教师从事科研和进修的空间，在一定程度上已经成为制约学校事业发展的瓶颈。

（三）教师队伍素质有待提高

教师必须发挥引导作用，从而使学习者对中等职业教育模式有所了解并接受，为入学后学习观念的转变奠定基础。在现代中等职业教育模式的教学过程中，由于高新信息技术在信息传递过程中质和量方面的优越性，使之成为主要的教学信息提供者，而教师则转为组织、指导学生去和信息系统进行交互，帮助学生通过多媒体技术获取知识，求解问题。当前中等职业教育的部分教师由于思想还没完全转变，接受新的教学手段比较晚，还侧重于课堂的面授教学，再加上忙于自己的科研项目，难以全身心投入现代教学当中，从而导致教师不能及时了解学习者的需要，缺乏必要的技术培训，现代教学能力不强，无法为学习者提供有效的指导和服务。如果在学习过程中遇到困难得不到教师的有效帮助，会让学生在学习上有矛盾、困惑和焦虑的心理，降低了学生学习的积极性，甚至失去了学习的信心和乐趣，以致选择放弃。另外，还有的教师对学科、专业发展前沿科学的追踪能力弱，学科、专业知识陈旧，只习惯于按以往的书本教学，满足于成为一个“教书匠”。

二、教师队伍的工作职责

中等职业教育教师要负责专业课程设置、课程的设计开发、学习资料的提供与审核、面授及学习效果的评定考核等。但更多的是从知识技能上为学习者提供服务。

从沈阳市城市建设管理学校的学习支持服务教师队伍来看，就工作内容的职责可以将教师分为骨干教师、主讲教师、主讲教师助教。

（一）骨干教师

教师队伍中的骨干教师是具备先进的教育理念和较高的专业技术水平，能够引领学习支持服务的教育教学改革与建设的方向；具有较高的学术影响力和丰富的教学经验、沟通协调能力；能够长期致力于学习支持服务教师队伍建设，坚持在教学第一线为学生授课；具有技术服务或技术研发的经历；整合与利用资源能力强，着眼大局、善于合作、甘于奉献。

教师队伍的骨干教师还应具有较强的创新意识，愿意与别人分享经验和信息，能够很好地处理和协调各部门同事之间的关系，给予主讲教师和主讲教师助理更多机会，调动其积极性，保障团队目标的实现。培养好学习支持服务队伍中的骨干力量，会形成以点带面的布局结构。

骨干教师的职责如下。

（1）按照建设目标对该门课程教学全面负责，组织和协调本教学团队完成各项任务，考核教师和教辅人员完成教学任务情况，确保课程教学质量。

（2）规划、组织教学内容、课程体系、教学方法和手段的改革，重点要求在建设期内能采取有效、得力的措施提高该门课程的教学质量。

（3）全面负责该门课程的教学资源开发、教材建设、试题库的编制等工作。

（4）负责微课脚本的制定、三分屏的录制，并组织教学团队制作精品微课。

（5）负责师资队伍建设工作，注重对青年教师的培养。

（6）建设期满，该门课程的教学质量达到校级精品课程要求，教学质量考核总体达到优秀。

（7）开展较高水平的科学研究和教学研究，每年至少公开发表相关教研论文 1 篇，建设期内主持教改项目 1 项或在核心期刊发表教改（研）论文 1 篇，在国内同领域有一定的影响力。

（二）主讲教师

教师队伍中的主讲教师要坚持现代教学理念，能站在专业发展建设的高度，对专业、课程建设等进行规划、设计与组织实施；协助组织、研究本专业或课程的建设，包括特色专业、精品课申报、评估检查等。要不断研究和改革学习支持服务的教学内容，开发教学资源，开展启发式教学、讨论式教学、案例教学和现代教学手段等教学方法改革，促进现代教育学习支持服务的教学研讨、教学经验交流。发挥专业优势协助骨干教师开发高水平的多媒体课件，研究探索本专业教学实践环节，提高课程教学质量。要密切跟踪国内外本学科及相关学科的学术动态和人才发展状况，每年就本专业领域的专业建设、人才队伍、学术研究、科技成果、物质保障等方面，协助骨干教师向学院提交一份专题研究报告或综合评估报告。

主讲教师的职责如下。

（1）积极参与该门课程体系、教学内容、教学方法和手段的改革。

（2）参与该门课程的教材建设和教学资源建设。

（3）负责微课素材的收集与整理，三分屏的录制。

（4）积极开展科学研究和教学研究，建设期内至少公开发表教研论文2篇。

（三）主讲教师助教

主讲教师助教要具有鲜明的学习支持服务队伍的团队精神。在现代教育学习支持服务的创新合作机制下，在宽松而严谨的教学、技术研发与服务的环境中，激发创新能力，增加协同效益。以提高学习支持服务的高技能为目标，在专业建设、课程建设、实习实训基地建设等工作中，设定明确可行的教学改革目标和教学研究目标，工作有思路、有措施、有实效。在现代教育学习支持服务的教学过程中，要不断地积累教学改革经验，为取得标志性的人才培养目标努力，以达到为社会服务的成效。在现代教育学习支持服务的教学手段上，充分利用现代教育技术，在遇到疑问及难点时可以及时请教、相互探讨和分享，从而提高学习支持服务质量。

主讲教师助教的职责如下。

（1）积极参与该门课程体系、教学内容、教学方法和手段的改革。

（2）配合骨干教师、主讲教师全程参与教研教改活动。

（3）负责微课素材的收集与整理，三分屏的录制。

（4）在骨干教师的指导下，承担该门课程的讲授、作业批改、网上答疑、协助制作课件等工作。

第三节　教师队伍应具备的素质和建设措施

一、教师队伍应具备的素质

在现代教育环境下，中等职业教育学习支持服务的重要性越加明显。教师更需要更新教育理念，崇尚人性化管理。从发展的角度来讲，中等职业教育教师队伍应具备育人管理素质、学习发展素质和创新研究素质。

1. 育人管理素质

育人管理素质是现代教育背景下教师素质培养的重要组成部分。传统教学模式下，教师对学生的管理能力，表现在教师在课堂上的组织管理能力。但是在现代教育学习支持服务实施过程中，教师需要不断地加快自身角色意识的转变，由教学中的主角转向平等者中的首席，从而转变传统的教学管理方式。在现代教育环境下，学习支持服务要对学生具有更多的课堂开发意识和自由，因此在课堂上具有一定的学习心理和生理发展规律，这种学习规律和心理接受能力体现决定了教师在现代教育学习支持服务中必须充分考虑学生的心理需要。另外，提高教师的育人管理能力还有利于加强教师与学生的沟通。实施中等职业教育，教师在做好学习支持服务工作的过程中，必须时刻加强与学生的沟通能力，尊重学生并且关心学生，倾听学生的心声和意见，按照学生提出的意见及时进行完善，树立一种人性化的课堂管理和组织观念。

学生在现代教育学习中有两个方面的要求：一方面需要通过课程充实专业知识，提高自身的专业素养；另一方面还需要不断地提高自我理解能力和学习能力，提高自身学习素质。只有不断强化学习支持服务体系中教师队伍的育人管理素质，才能保证教师不断提高自身的专业知识，保证教师自身的教学知识、教学文化素养、教学技能和教学能力得到不断提升，能够胜任现代教育学习支持服务的教学要求，帮助学生快速掌握理解知识。教师育人管理素质的提升，还能够树立教师在课堂上的权威性，扩大两个课堂的影响力，使学生能够在现代教学方式下进行有效地学习。

2. 学习发展素质

在现代教育环境下，学习支持服务的教师必须不断增强自身的学习发展素质，提高职业发展的能力。中等职业教育教师在建立新的教学环境中，需要不断增强自身学习能力，创建学习支持服务的学习型环境。为教师创造良好的学习环境，扩大知识面和综合知识，学习支持服务教师队伍应关注自我发展，努力成为学习型教师，让教师掌握科学合理的教学规律和教学方法，掌握更加先进的教学艺术，使每堂课都能够创造完美的艺术舞台。培养和锻炼教师的学习发展素质，就要以学习支持服务的专业标准要求自己，学习教学与研究上的专业能力和知识。具体地说，学习支持服务教师队伍需要努力学习现代教育环境下的多种教学技能，努力学习现代教育教学理论，尤其要提高课程开发与教学设计能力。

3. 创新研究素质

创新能力能够为教师开展现代教育教学模式提供有效指导，创新性的教育模式必须结合为现代教育提供学习支持服务的教学思想和教学理念，在现代教育良好的教学环境支持下，综合运用各种教学因素，不断在教师和学生之间建立一种稳定的师生关系，不断地完善现代教育教学活动的进程和结构。为此，增强教学的创新研究素质，更新教师的先进教学理念，能树立教师良好的专业形象和研究能力。在这一点上，中等职业教育学习支持服务的教师队伍有着自身的优势资源。这种优势资源来源于中等职业教育开展的具有自身特点的教学模式和教学课程。近年来，这些先进的教学理念切实融入到了教学实践中，融入到了教师教学中，并不断地保证教师教学理念更加具体化、细节化，从而实现教学指导思想的范式变换。另外，从提升教师的专业素质和学习能力上看，还能够在一般教学模式的基础上开展具有现代教育特色的教学创新。不断地推动中等职业教育学习支持服务教学的变革和创新，健全开放式的教学环境。在教学组织方面，对传统的学校专业课进行变革，将传统的专业课程资源制作成微课、三分屏等多种形式上传到网络，通过网络实施教学。在现代教育学习支持服务的支持下，帮助学生开展课程指导服务，提升听课能力和实际操作能力。充分发挥教师与学生的主体性，为学生提供有益的教学支持，达到有支持的学习形式，形成规范的教学环境和秩序，保障教学质量。

二、教师队伍建设的措施

在中等职业教育学习支持服务队伍建设过程中，教师队伍建设遇到了许多新情况、新问题，给中等职业教育事业的发展既带来了机遇，又带来了挑战。如何从容应对，笔者认为学习支持服务教师队伍要做好以下几个方面的工作。

（一）树立现代教育观念

现代教育需要打破以往的教育观念。随着计算机信息技术、网络技术的发展，学习形式、教学手段、教学媒体得到了空前的丰富和发展，满足学生需求的能力有了很大的提高，特别是网络技术的开发与运用，使现代教育学习支持服务在计算机网络上得以实现。作为现代教育教师，应充分发挥现代技术的特点，勇于开拓创新。转变传统的教育观念，这样才能更好地做好中等职业教育学习支持服务。将传统教学的只备课，转换到教学设计中，不仅仅是上好几节面授课，还要在学习重点、难点思路及方法上给学生以指导和帮助。所以要求教师在学习支持服务中，不仅要掌握教学设计的知识，还要了解不同教学媒体的信息表现特征和使用方法。只有这样，在整个学习支持服务教学过程中，教师才能起到指导和顾问的作用。

1. 转变教师的传统教育观念

实施现代教育项目的重点内容之一就是实现传统意义上的教师向现代教育教师角色的转变。实践表明，这个转变是一个艰难的过程，比预期复杂得多，它受到多方面因素的影响。传统教育的教师基本是一种角色——知识的传递者，而现代教育教师是多角色的组合——教学资源的设计者、制作者、组织者和传输者；学生自主学习的指导者、管理者和学习的伙伴。教育学习支持服务对中等职业教育教师的综合素质的要求提高了，教师的责任变重大了。有些教师对当代先进教育思想和现代教育理论的了解还很欠缺，工作上仍存在许多不到位和穿新鞋走老路的情况等。因此，要实现这个转变，学校在各方面还要付出更大的努力。

2. 树立教师队伍学习更新的观念

中等职业教育学习支持服务的教师队伍要不断地加强学习，无论是学习还是培训都要结合工作实际，着眼于创新、寻求、探索新途径和新教学方法，要着眼于培养创造型教师、“双师型”教师，激发教师自身具有的积极性。根据教师知识结构的特点设计教学目标，选择教学内容、方法和手段，由以教为主转为以学为主，由以集体教育为主转为以自我教育为主，由以教师为中心转化为以学生为中心。要突出以岗位培训为主和教师可持续发展的需要及学科发展的新特点、新成果和新趋势，为教师提供针对性强、质量好、效益高的培训。要树立开放的观念，为教师提供出国进修、参加国际会议的机会，提供去国内一流大学进修、学习的机会，让教师最大程度地获取前沿学科知识、获取教学方法和经验，掌握现代教育技术，提高培养质量和效果，为学习支持服务奠定良好的基础。

3. 树立民主参与民主管理的观念

中等职业教育的发展离不开教师的支持和贡献，现代教育的管理同样离不开教师的参与和帮助。因此，将教师视为现代教育管理的参与者，鼓励他们积极参与现代教育教学改革工作，尤其是学习支持服务教师队伍建设的决策。教师是现代教育教学过程的主导者，教师参与决策的比例越大，在决策过程中流入的信息量也就越多，制订的决策会更科学、更稳定、也更持久。教师在参与决策的过程中，会感到被尊重的满足，消除了自卑感，进而增加了对学校的归属感、认同感，拉近了与学校之间的距离，增强了对工作的责任感和自信心，同时，减少了对学校的抱怨和不满意见，与管理者之间形成了和谐的关系。

（二）改善教师队伍建设的内外部环境

最近几年，是沈阳市城市建设管理学校发展较快的几年，也是教师队伍建设发展的机遇期，为使教师队伍保持平稳、健康的发展，需要营造一个宽松、良好的内外部环境。

1. 引进人才

随着现代教育项目的逐步推进，高级教师人才在中等职业教育学习支持服务中发挥的作用也越来越明显。中等职业教育的学习支持服务的教师队伍实际规模偏小，不能完全满足学校教学的需求。因此，中等职业学校应补充急需的教师资源，但学校在引进和使用人才的过程中，应树立“不唯学历、不唯职称、不唯身份、不唯资历”的观念，把品德、知识、能力和业绩作为衡量人才的主要标准。关键是要营造一种鼓励人才干事业、支持人才干成事业、帮助人才干好事业的良好人才环境。真正能够通过事业、感情、待遇等手段，吸引、培养和留住一批优秀教师人才，保持现代教育学习支持服务事业的可持续发展。现代教育学习支持服务的教师队伍建设的主要目的是提高人的能力和水平，也就是说依据人力资源开发理论，要通过各种手段提高教师的素质，挖掘教师的潜力。在现代教育环境下，学习支持服务教师队伍管理模式、机制和方法的改革要有利于优秀人才的引进，有利于教职工潜能的充分发挥，有利于教职工资源的优化配置，有利于人员的合理流动，只要这样才能体现以教师为本的学习支持服务队伍发展观。

2. 建立教师制度管理

为适应现代教育事业发展的需要，加强学习支持服务教师队伍建设，中等职业教育需要进一步扩大人员聘任的自主权，现在职称尚未实现完全意义上的“评聘分开”，但可以在中等职业教育学习支持教师队伍中实施。对于很多中等职业教育教师的工作不能完全依靠外部监督控制，更主要的是靠教师的工作态度和工作职责。如果将副高级以下的优秀教师分级聘任，制定聘任级别并对应级别津贴标准，对于调动青年教职工的工作积极性、创造性，加快队伍建设和发展，将起到很大的促进作用。

建立竞争机制，严格考评制度，实行规范化管理，是调动教职工积极性，完善、科学、稳定、系统地保障中等职业教育学习支持服务教师队伍发展的重要方法和手段。这就要求要提高对考评工作重要性的认识，真正将学习支持服务教师队伍的考评工作落到实处，而不是流于形式、走过场。并且还要深入实际，加强调查研究，摸清各种学习支持服务教师队伍的管理制度和考核办法在实际运行中遇到的问题，并进行认真分析，查找原因。针对问题所在，在制订、完善改进办法中，要按照目标管理的要求，将目标层层量化，建立操作性强的考评工作，真正体现效率优先、优劳优酬的原则，并起到激发、调动学习支持服务教师队伍的工作热情和工作积极性。

3. 构建和谐关系

建设中等职业教育学习支持服务教师队伍既要考虑提高他们的工资水平，改善工作条件，又要保障中等职业教育教师福利待遇和安全等合法权益的落实，更要重视他们的尊严与价值实现，热爱、关心、理解、尊重、信任、依靠每名教职工。让教师参加民主管理，促进人与人之间的交流与沟通，倡导同事之间团结协作，激发中等职业教育教师的创造热情，通过营造一个良好的文化气氛、和谐的人际关系环境、宽松的学术研究氛围，使每一名教师都感到集体的温暖、校园的温馨和工作的称心，消除他们的各种心理障碍，培育他们与学校之间的感情，增强他们的凝聚力和使命感，促使他们更加努力地工作。

（三）加强现代教育教师队伍的培养与管理

教师是中等职业教育发展的动力，学习支持服务教师队伍建设的好坏，是决定学生培养质量的决定性因素。因此，应树立人才是第一资源的观念，加快建成高素质的学习支持服务教师队伍，按照相对稳定、专兼结合的模式，建立科学的、结构合理的教师队伍，使人才建设既有高原又有高峰，错落有致、梯次井然。中等职业教育教师队伍建设要依据现代教育理论，按照现代教育项目要求，结合自身优势和特点，借鉴国内外的先进经验，走出一条切合中等职业教育学习支持服务教师队伍实际的发展道路。

1. 搞活用人机制

在加强中等职业教育教师用人机制调研的基础上，继续完善对原固定编制人员的聘用制改革，研究制定满足现代教育需要的更加灵活的用人机制。加强高层次人才队伍建设，着手实施中等职业教育中青年骨干教师、学科专业建设带头人和学术带头人的评选和培养计划，加大扶持力度，充分发挥他们在教学、科研等领域的示范带头作用，面向社会推出中等职业教育学习支持服务名师。还可以建立专业人才顾问制度、企业专家指导制度，从普通高校、知名行业聘任专家走进校园、走入课堂，发挥专家对中等职业教育学习支持服务的指导作用。

2. 提高教师队伍整体素质

第一，要做好现代教育理论的培训。通过培训，使广大教师能够掌握现代教育理论所揭示的在现代教育系统中教和学的本质属性和规律，转变教学观念，牢固树立以学生为中心的理念，并能运用所掌握的理论指导工作和实践。

第二，要加强现代教育技术的培训。目前中等职业教育学习支持服务的教师队伍在掌握和应用信息技术上仍很欠缺，急需加强和提高。

第三，加强学历培训和业余进修。鼓励青年教职工在职攻读硕士、博士学位，改善学习支持服务教师队伍学历结构。鼓励中等职业教育学习支持服务教师刻苦钻研、勇于进取的精神，并为他们到国外高校进修，追踪学科、专业发展前沿科学知识提供方便、创造条件。引导和鼓励他们开展科研，多出成果，努力提高自己的科研能力和水平。

第四，加强中等职业教育学习支持服务教师队伍的学术梯队建设，培养学术领军人物。进一步做好中等职业教育专业带头人和后备专业带头人才的选拔聘用工作，并加强对已有带头人的考核和检查，使其在学习支持服务教师的专业建设、梯队建设上发挥更大的作用。

第五，加强师德建设。师德建设要围绕贯彻“教书育人、管理育人和服务育人”的方针和树立以学生为中心的思想来进行，重点是帮助教师处理好个人利益和学校整体利益的关系，端正教学态度，明确教师责任。

3. 构建现代导师制培训模式

导师制教学模式以其有特色的教学方式成为国内外教育领域中一种备受推崇的个性化人才培养模式，采用导师制教学模式进行教师培训，需要思想观念先进、学识渊博、教学经验丰富、学术水平高的专家和学者来担当导师的职责。另外，参加培训的教师都是在职人员，他们无法经常接受导师面对面的指导和言传身教。应该利用远程教育手段进行导师制培训，以现代信息技术、网络通信技术和多媒体技术为基础的现代远程教育为实施远程导师培训提供了可行性。远程教育的开放性、交互性、个性化、智能化等特点不仅能拓宽培训的途径，扩大培训的领域，而且能降低培训的成本，为学习者学习创造条件。

中等职业教育的发展，要求教师自身的水平不断提高。各学科领域里不断有新的发展和新的知识出现，这就要求中等职业教育学习支持服务的教师要开展学科研究和现代教育技术研究，并以此促进教学水平的提高，努力使自己逐步成为现代教育学习支持服务的“两个专家”，即学科专家和现代教育技术专家。

中等职业教育学习支持服务的教师队伍在精通本学科知识外，还要熟悉相关学科的基本理论和基本知识，努力做到一专多能，使业务能力由单一型向复合型转变。

第三章　中等职业教育技术人员队伍建设

现代教育与科学技术的发展是紧密相连的，可以说没有现代教育技术的进步，就没有中等职业教育今天的发展。

现代教育的一个突出特点就是几乎所有的学习支持服务过程都是依托网络学习支持服务平台来实现的，中等职业教育可以通过这个平台实现对学习者从入学注册、教学管理、学籍管理、通知公告、毕业审核等一系列的学习支持服务，学习者也依赖这个平台完成相应的学习任务。技术人员承担了维护平台正常运行的重要使命。技术人员在中等职业教育学习支持服务中利用自己掌握的 IT 技术，让它在教育信息化中得到合理运用，重要的是技术人员维护的学习支持服务平台是符合现代教育发展规律的，使中等职业教育成为一个真正高效的现代化教育形式，是实现自主学习和终身学习的重要途径。

为了帮助学生和教师提高学习和学习支持服务的工作效率，以及网络资源的利用率，建议中等职业教育教学单位设立专门的技术服务中心，为学习者、管理者和教师提供各种技术保障与技术支持服务。

第一节　技术人员队伍的现状分析

技术人员队伍主要由在技术部门为教学提供技术服务和保障的技术人员构成，为中等职业教育提供技术支撑和服务。

中等职业教育技术队伍的建设通常包括学科建设、实验室建设、基础设施建设等三个方面，在中等职业教育学习支持服务的各级管理部门颁布的学校建设管理文件中，均很少有涉及中等职业教育学习支持服务技术队伍的建设，同时在教育技术的组织体系建设当中缺少相关制度的指导。

（一）思想观念比较陈旧，体制不完善

技术人员队伍建设一直是中等职业教育学习支持服务队伍建设中的一个薄弱环节，受传统观念的冲击，对学习支持服务技术人员队伍建设和管理没有足够的重视。大多数中等职业教育学校把技术人员划分为教辅人员，许多教师也存在偏见，甚至认为技术人员是为他们服务的。存在的这些观点，也使现代教育技术人员对其本职工作产生厌倦情绪，以致一些经验丰富的技术骨干离开工作岗位。这种情况已经影响了技术人员队伍的建设和稳定，也严重影响了技术人员业务水平的提高和改进。

（二）现代教育资源配备不合理

教学资源是学习支持服务的重要基础，各种教学服务是在教学设计的总体框架中对课程资源的设计理念与内容的具体实现过程，课程资源、教学服务和技术实现共同构成了完整的现代教学过程。课程资源建设包括文字课程材料的设计及制作与发送、网络课程的设计及制作与发送、多媒体（如 CAI 课件、VCD 教学光盘、VBI 或 IP 课件、微课等）课程的设计及制作与发送、音像课程材料的设计及制作与发送等。在国内的现代教育中，一般来讲各学校都是制作自己相对独立的教学资源，如果技术人员能实现将教学资源整合与共享，将是对中等职业教育学习支持服务提升了一个新的层次。另外，虚拟图书馆、教学 Blog、网上试题库等也满足了学习者的学习支持服务需求，同时，随着现代教育技术在全民教育体系中比重的加大，各类实用性技能（含一些职业技能资格证书培训）资源的需求也越来越大，微课、网上虚拟实验资源和实践性教学资源将是下一步技术人员对资源建设的重要支撑。

（三）合作交流程度不高

国际国内合作交流在科技创新中的作用日益凸显，这为中等职业教育学习支持服务技术人员交流学术思想、获取最新科技信息、接触国际尖端技术前沿、了解学科最新发展动态等提供了平台与机会。但是从整体来看，我国中等职业教育的学习支持服务技术人员对国际国内合作交流程度还有待加强，合作交流方式有待改进，合作交流层次有待提高。

积极鼓励和支持远程教育学习支持服务技术人员参加学术交流活动。鼓励技术人员队伍跨地区、跨学校、跨专业开展交流合作，开阔学习支持服务技术队伍人员的眼界和思路。在科技事业日新月异、科技资源日益多

元化的今天，任何一所学校不可能占据全部的科技资源，只有加强合作交流方能取长补短、整合优势、形成合力，盲目重复的建设只会造成大量科技资源和科研经费的浪费。我国中等职业教育的科技交流合作态度仍显保守，学校之间的高级科技人才流动困难，科研基地利用效率较低，校企科研项目合作少，科技信息沟通较少，科技成果共享较少。

（四）业务水平有待提高

随着中等职业教育领域的竞争加剧，学习支持服务技术人员的自主创新能力与新信息技术的运用能力已成为中等职业教育机构的核心竞争力。虽然我国中等职业教育机构与公共服务体系在自主创新能力与新信息技术的运用能力上已经得到较大提升，但与社会发展和需求相比，仍有很大的差距。对于信息技术的运用基本上是“拿来主义”，完全侧重于应用，新技术、新产品的自主开发很少，学习支持服务技术人员队伍的自主创新意识与能力不足，管理体制机制、服务模式、技术开发与应用等方面创新也不够。因此，我们的中等职业教育服务机构应积极参与社会力量的各方合作，借鉴和引进先进优秀的教育技术、管理模式及教育资源，同时应提高自主创新能力，建设一支职业化、专业化、高水平的学习支持服务技术带头人和创新团队，在基于实践应用的基础上创造新的服务模式，提升技术服务能力和技术服务质量，真正使创新为中等职业教育机构生存和发展奠定基础。

第二节　技术人员队伍的工作职能和素质要求

一、技术人员队伍的工作职能

技术人员的技术支持服务主要包括最新通知和公告、常见问题、软件下载、在线求助、资源链接等。为最大限度地帮助学习者，网络教育提供一年 365 天、一天 24 小时的技术支持服务，技术升级、病毒防范、系统安全补丁、账户与密码设置更新、电子邮件的收发与故障排除、课件学习、学习资源上传与下载、自动答疑、课程论坛、作业、毕业管理、申请毕业及毕业后的跟踪管理等。

随着教育技术理论的发展和新技术在教育领域的广泛应用，对中等职业教育学习支持服务技术队伍提出了新的要求。中等职业教育技术工作者应向一专多能方向发展，以减少非教学性人员，提高效率。笔者认为技术人员队伍应具备以下职能。

（一）教学辅助职能

学习支持服务技术人员的教学辅助功能主要表现在：现代教育技术类课程的教学任务和教学资源的建设，承担信息技术和现代教育技术类课程的教学，培养教师的信息素养，为学习支持服务的教学活动提供教育技术理论和技术的支持。进行教学资源的建设，是技术部门教学功能的又一项重要内容，包括传统音频、视频的学习资料、数字化的多媒体教学资源建设和网络共享多媒体数据库建设的网络资源建设，这就需要学习支持服务的技术人员提供支持。教育技术在中等职业教育学习支持服务中的应用越来越广泛，学生可以在教室以外的任何地点利用已经开发的教育资源进行学习。中等职业教育中应用的教育技术按功能分类主要有三种：应用于课程开发的教育技术、应用于对学生学习支持服务的教育技术和应用于教育管理的教育技术。

（二）科学研究职能

学习支持服务技术人员的科研职能主要表现在两个方面：其一，通过现代教育技术理论、新媒体、新技术和教育技术发展趋势的研究，为中等职业教育教学的改革和发展决策过程提供可靠的依据。其二，表现在教育技术学的学科建设上。学习支持服务技术人员通过自身学科的建设，带动和促进中等职业教育技术工作的快速、持续、科学的发展。

中等职业教育学习支持服务技术队伍要加强科学研究的能力，充分利用优质资源和先进技术，创新运行机制和管理模式，利用现代技术整合现有资源，构建先进、高效、实用和数字化教育基础设施，提高教育应用信息技术水平，更新教学观念，改进教学方法，提高学习支持服务的教学效果。

（三）技术服务职能

中等职业教育学习支持服务技术队伍的技术服务职能主要表现在：现代教育技术设施设备的安装、调试与日常维护工作；现代教育网络的建设和日常维护工作；为学习支持服务其他部门提供教育技术支持服务的职能。

除了上述常规性的支持服务外，中等职业教育学习支持服务技术队伍还应提供培训服务，即负责对学习支持服务教师队伍进行教育技术的培训工作，同时也要求大力提高教育技术手段的现代化水平和教育信息化程度，要求教师掌握必要的现代教育技术手段。希望通过教育技术培训工作的开展，提高中等职业教育教师掌握教育技术相关的基本知识和技能，培养教育信息化的意识和信息素养，推进中等职业教育学习支持服务的教学改革和教育信息化建设。

（四）组织管理职能

中等职业教育技术人员的组织管理职能主要表现在：制订学习支持服务技术队伍的发展规划，组织相关部门进行教育技术软硬件环境的建设，监督学校相关部门的教育技术推广工作，校园网网络资源的管理，教育技术机构与其他部门之间工作的协调。

二、技术人员队伍应具备的素质

通过比较总结，笔者认为中等职业教育技术人员能力应该包括六条核心素质：创造性思维、沟通交流能力、组织管理能力、协作能力、使用信息技术的能力、教学设计能力等。学习支持服务技术人员队伍能承担现代教育信息技术和现代教育技术类课程的教学任务，组织和制订教育技术发展规划与具体实施，制定和完善教育技术的规章制度。并能积极组织开展教师的教育技术培训工作、教育技术理论和实践研究工作。承担全校教学设备、设施的建设、管理、维护工作，以及教学资源的建设工作。

（一）创造性思维

创造性思维又可以称为创新性思维。创造性思维可视为扩散性思维和聚合性思维、直觉性思维和逻辑性思维的种种统合，它是创造力的核心，是解决问题的新途径。

中等职业开放教育技术人员不是在实验室里坐在计算机面前，而是利用网络与学生进行知识探讨和学习引导。应从传统的权威式教学辅导性工作中走出来，建立平等的教学观，和学生多沟通、多交流，及时了解学生的学习需求，随时改变教学方法、更新思想。中等职业教育技术人员更多是给学生提供学习方法和学习资源，而传统的方式多为课本内容照搬到网络，使学生看书看网页一个样。现在学习支持服务的技术人员可以利用网络建立情境化的教学环境，提供多样化的教学资源，建立创造性课件教学资源的思想。

在信息时代创造性技术人才是最大的资源，如何将自己变为这种资源是时下许多人学习的目标。同样，中等职业教育学习支持服务的目标也绝不仅仅是制造资源、教授知识，而应是对学习者创造力的培养。

（二）沟通交流能力

沟通交流能力是人的基本能力之一。但传统意义上的沟通交流多数是建立在面对面的人-人交互环境，如多元智能中人际沟通智能就是“指对他人的表情、说话、手势动作的敏感程度以及对此做出有效反应的能力，表现为个人能觉察、体验他人的情绪、情感并做出适当的反应”。但在面对人-机-人的现代教育环境中，学习支持服务的技术人员不仅仅要能够将传统的沟通交流方式迁移到现代教育环境中来，还应当根据不同环境，选择多样化的沟通工具帮助交流。

目前不同网络交流工具的功能不同，学习支持服务技术人员要了如指掌。网络上的交流工具层出不穷，并且不同的工具功能、应用范围、群体对象也不甚相同。比如：QQ、微信为同步交流工具，E-mail、留言板为异步交流工具，在对这两类工具的选取上不仅要考虑时间的关系，还要充分考虑学生对交流软件的使用情况。因此，要能够灵活应用多种交流工具，以方便在与学生沟通时选择相对应的交流工具，做好现代教育的技术服务支持。

（三）组织管理能力

组织管理能力的好坏，对中等职业教育的教学工作成败起着决定性的作用，而中等职业教育中的组织管理比传统学校更加困难。由于学生的基础参差不齐，学习态度差别较大，因此技术人员在进行组织和管理中会遇到许多的困难。有困难并不意味着学习支持服务的技术人员要减少对学生的组织管理，相对应的，技术人员应当提升自我的组织管理能力，在学生有限的时间里做好组织管理工作，解决学生在学习过程中遇到的种种问题，在实际工作中做好学习支持服务的技术工作。

（四）协作能力

社会化大生产的快速发展，带动社会分工越来越细。人们通常做的都是某物件的其中一部分。之所以需要分工协作：一是因为知识的激增速度呈几何级数增长，社会的分工越来越细，每个人的所知和所能非常有限；

二是因为信息技术导致了全球化社会的诞生，每个人、每个国家或地区都与外界存在着千丝万缕的联系；三是因为目前的世界是个多元化的社会，人们需要跨文化的理解能力和接纳心态。

提升技术人员的协作能力有助于提升技术人员的专业化水平。在一定条件下，整体的功能大于个体之和，小组成员呈互助互勉的状态。在专业化发展的道路上学习支持服务技术人员共享教学资源，探讨教学过程，分析教学效果，实施现代教育教学实践。

中等职业教育技术人员的协作能力，不仅仅表现在技术人员与教师间的互助，同样也表现在技术人员与教学管理人员间的协作，技术人员间的协同合作。传统教师的协作多为教学小组，而中等职业教育教师面对的不单是学生，还有许许多多的教学辅导设施。作为教师本身，不能对所有的设施都得心应手，因此与技术人员和教辅人员在工作上多有交叉，而如何处理好与技术人员和教辅人员的协作关系，也直接影响到教师的学习支持服务的教学效果。

（五）信息技术水平

尽管大家都认为中等职业教育教师应完全掌握如何利用技术传递教育信息，但现实情况是，很多教师仍需要一个技术人员来辅助其操作设备。现代教育要通过多媒体、网络等多样化的教学手段来进行教学。为此，技术人员必须具备多媒体一体化的总体设计能力、教材编制能力、现代教学手段的运用能力等。要学会现代化教学手段进行辅助教学，可以制作一些CAI课件、三分屏、微课等。把各种形式的感性材料展示在学生面前，使学习内容图文并茂、生动有趣、感染力强，以激发学生的学习兴趣。提升中等职业教育教师信息技术水平，不仅仅是要提升技术人员运用技术的能力，更重要的是要加强培训教师的现代化教育技术。

（六）教学设计能力

现代教育教学设计涵盖的内容非常广泛，从教学目标的制订、教学内容的确定到教学方法的选择和教学媒体的选择，因此提升学习支持服务技术人员的教学设计能力绝非一朝一夕的事情。为了现代教育资源建设，技术人员在繁忙的工作中也要加强教学设计能力。但如果制作精品微课，还需要技术人员与教师的协调合作，教师着重于教学设计，技术人员发挥教育技术手段。

第三节　技术人员队伍建设的措施

通过以上的调查分析可知，中等职业教育技术能力有其优势也有其不足。通过宏观、技术两个层面分别提出提升中等职业教育技术人员能力的措施。

现代教育领域特别关注的技术发展手段包括：移动学习系统开发与发展、云计算应用模式、SOA系统架构、高清视频的网络推广和应用、互动多媒体的表现、综合支撑平台业务共享、虚拟的表现形式、系统的学习模式、数据挖掘与知识管理的深层用户应用、学习对象技术带来的底层业务共享模式等。技术创新引发的社会变革和转型给现代教育带来前所未有的机遇和挑战，技术如何促进学习，技术与人的发展之间的关系成为关注焦点，学习支持服务的技术支撑也有新的发展，如从资源共享转向服务共享，从移动学习到移动服务，移动学习是现代教育发展的一个趋势。成熟的移动学习一方面取决于移动终端，另一方面也受学习资源的影响。学习支持服务人员能解决而且必须解决的就是要开发出适合加载在移动终端并能方便学习者使用的学习资源。因此，现代教育技术发展的有力支撑需要学习支持服务技术人员共同努力，技术人员是现代教育学习支持服务的有力保障。

（一）转变观念，建立完善的评价体系

现代中等职业教育是以学习者为中心，但是教辅人员必须要具备更多的学习支持服务的知识和技能，才能更好地引导学生学习。技术人员的思想、研究、创新必须要在学习支持服务实践中进行。中等职业教育学习支持服务对技术人员也要进行定期和不定期培训，这种学习方式是以提高中等职业教育学习支持服务技术人员教学能力为主要目标，把业务培训与教育教学、科研活动紧密结合起来。由于信息技术的迅猛发展，新的技术、教育理念、教育教学理论不断涌现，技术人员如果不学习便无法应对学习者的需求。通过该途径，不仅仅能帮助技术人员在专业知识技能上得到提升，也能完善教师教育技术能力评价体系上的缺失，让技术人员在实际应用中解决实际问题，并重塑技术人员的教育技术观念，改变以往重技术、轻理念的态度，使技术人员成为学习支持服务教育技术的真正受益者。

技术人员面临新的挑战角色转变不过来，就会将许多面授的习惯带到

远程课堂里来，由于地域和时间上的差异，就会导致远程学生在理解和掌握新知识上产生滞后。制定远程教育的教育技术能力标准，明确远程教育学习支持服务技术人员角色定位，可以使远程教育技术人员确定自己的职责和任务，加强远程教育的效果。远程教育与普通高等教育有着明显的不同，远程教育对教育技术能力也有着更高的要求，那么制定远程教育教师教育技术评价体系就具有重要的意义，国家没有明确的相关制度，需要在工作中不断探索、不断总结，逐步建设教育技术评价体系并在制度上完善该体系。

（二）整合远程教育资源

国内各院校的教学资源都是建立在自己的平台上，部分资源在一定范围内是共享的，但是大部分资源是通过设定权限、使用范围、使用区域等方式，只将资源提供给自己学校的学生使用。

学习支持服务体系的技术人员如果能加强资源的整合，不仅仅是对平台上的资源进行收纳，并要对其进行整理，避免资源的重复与缺失。教学资源的整合对技术人员虽是一个难题，但对学生来说却是技术人员提供的最好的学习支持服务。

（三）提高沟通能力，加强团队建设

现代教育环境下，学习支持服务的技术人员需要用现代化信息手段进行交流沟通，人们的交往不仅仅局限在现实生活当中，还有网络上同步/异步、远距离的沟通，学生将现实当中的学习交流模式搬上了网络，网络交流工具就此应运而生。这些工具在功能上能够反映和促进学习支持服务关系的发展和交流活动的形成，使得学生在学习的活动中与教学技术的功能融为一体，建立技术人员基于网络环境为学生提供学习支持服务的平台。提升学习支持服务技术人员的交流沟通能力，在教学教育技术传播中有着十分重要的作用。

中等职业教学团队由学习支持服务教师、技术人员、管理人员组成，是一个真正利用现代化手段组织教学的团队，是学习支持服务的具体体现。技术人员与教师是“取长补短”，建设技术人员与教师专业团队，建设一个优秀教学团队、一个高效教学团队，具有明确坚定的目标、相关专业技术和能力、良好的沟通和合作、高效的学习支持服务团队。

团队建设中遵守教学与科研相结合的原则，优秀教学团队不仅要提高传播知识的教学能力，而且还要拥有知识创新、科技创新与建立创新体系的科研能力。学习支持服务团队要既是教学团队又是创新团队，成为科研

反哺教学的示范与典型。在远程教育教学团队的建设中，要提升整个教学团队的水平，只有团队中每名队员都加强学习和改进，做到团队水平整体提升，积极开展对外教学交流合作，认真学习、借鉴国内外的先进经验，同时不断检查自身存在的问题，及时改进，积极进取，完善自己，让专业团队有效持续地发展。使教学团队的教学、资源、服务等各方面水平齐头并进，才能建设现代化高水平的中等职业教育学习支持服务团队。

（四）创设网络课程，提升设计开发能力

建立一个完整的学习支持服务网络课程，要从确定教学大纲开始，确定教学内容、总体设计和网络课件原型实现、脚本编写、素材准备、课件开发、教学环境设计、教学活动设计、运行维护与评估等步骤。学习支持服务的技术人员帮助教师制作网络课程，不仅可以提升教师的技术应用水平，还可以让技术人员在实践中学习，迅速提升教学管理政策、制度及流程。

开发一门网络课程的过程，就是对一门课程的再设计。既要对教学资源进行开发，也要对网页脚本进行编写，这些教学资源在制作过程中要用到大量的技术工具，是提升技术人员信息技术水平最有效的方式。网络上信息供给量十分庞大，如何在如此庞大的信息面前抓住学生的注意力，这就需要技术人员在设计网络课程时运用创造性思维。比如，构建一个基于问题的学习情境；设计一个有意义的学习活动；运用电子学档，对学习者进行发展性评价；开发在线互动平台；引导学生协作学习；等等。

当计算机的速度加倍而成本降低，高速的网络连接持续扩展时，技术支持服务的根基就变得越来越坚固。充分利用优质资源和先进技术，创新运行机制和管理模式，整合现有资源，构建先进、高效、实用的数字化教育基础设施，提高教育应用信息技术水平，更新教学观念，改进教学方法，提高教学效果。鼓励学生利用信息手段主动学习、自主学习，增强运用信息技术分析解决问题能力，加快全民信息技术普及和应用。今后将继续以量增质优为目标，在规模扩大的同时注重为学生提供优质的学习支持服务，以优质服务来赢得学生的认可，赢得社会的认可。

中等职业教育技术支持服务要完成整合教育资源，建设实用性、可操作性强的技术支持服务体系。首先转变学习支持服务观念，从基础性技术支持做起，扩大教育的覆盖面，从而提高现代教育的社会效率和经济效益，在效益提高和普及程度提高的基础上，开发、研究新技术。运用接待系统，提高学习支持服务的咨询水平与效率，收集反馈意见，及时帮助解决运行中的信息技术问题。加强对技术人员的培训和交流，加强专业专职技术队伍和服务队伍的建设，培养一批专业的学习支持服务技术工作者。

第四章　中等职业教育管理队伍建设

中等职业教育最基本、最重要的任务是做好对学生的管理服务。管理队伍是学生学习最直接的一支学习支持服务队伍。强化学习支持服务队伍中管理人员的主动服务意识，树立正确的服务观，能够进一步体现中等职业教育的服务性，更好地建立高效完善的学习支持服务体系，实现真正为学习服务、为学生服务。管理人员给学生提供支持服务要体现在日常管理工作中，对学生进行中等职业教育的入学指导，介绍中等职业教育的学习特点，组织学生学习中等职业教育的相关规定，对学生的各种困难给予积极的帮助，针对学生的心理问题进行心理咨询，为学生提供学习方法的指导，对好的学习方法与经验进行及时的总结、介绍、推广，逐步提高学生的学习能力及适应工作的实践能力。根据中等职业教育的实际情况，笔者认为中等职业教育管理队伍由两部分组成，分别是教学管理队伍和班主任队伍。由于中等职业教育的特殊性，需要从事学习支持服务管理工作的人员不但要具备奉献精神，还要做到服务周到、耐心、热情。因此，学习支持服务管理队伍不仅要在服务水平上下功夫，还要提高学习支持服务细节的周密性，切切实实地做好学生学习支持服务。

第一节　管理队伍的现状和工作职责

一、管理队伍的现状

管理队伍主要由教学管理岗位上的各类管理人员构成，主要为学生学习进行支持服务，对教学过程实施监控与评价，并对教学进行相应的辅助工作。

中等职业教育的教学管理是指对中等职业教育的教学活动的管理，也是学习支持服务教学管理队伍的三要职责。教学管理人员根据教学活动的规律和管理活动的一般原则，通过计划、组织、协调、控制、监督等手段对教学工作实施有效管理。教学管理的目的是保持稳定的教学秩序，营造良好的教学环境，提高教学质量，从而实现远程教育的培养目标。

教学管理是中等职业教育学习支持服务管理人员队伍按照教学管理规律有计划、有组织的指挥和控制教学过程，以此完成既定的教学任务的过程。教学管理也是运用科学管理的方法，遵循教学实践中固定的管理模式，制定出一整套行之有效的管理办法。教学管理内容主要包括学生信息管理、教学资源管理、教学硬件设施管理、教师信息管理等方面。由于中等职业教育的迅速发展，学习支持服务的教学管理的欠缺通常表现为三个方面。

（1）管理模式和管理手段落后。在教学过程中对于相同的管理内容在不同时期会有不同的形态，管理方式也随之发生相应的变化。但在实际工作中管理者由于工作量大，仍保持低效的传统管理模式。

（2）管理人员专业素质有待提高。教学中需要不断实践、不断改变现有教学模式、再实践的循环过程，教学管理队伍中人员年龄偏大、学历层次偏低，跟不上教学提高的速度。

（3）管理人员技术水平有限。提高教学管理学术理论，需要管理人员在不断变化中实现改革和创新，以适应现有的科技水平。

二、管理人员队伍的工作职责

管理队伍最主要的职责是帮助学生学习，以及实践性教学和对学生的平时作业进行批改和检测评价，包括整个教学过程管理。

1. 教学管理内容

教学管理的主要任务是对教学活动及其教学过程进行统一管理。教学管理内容包含以下几个方面。

（1）教师管理。主要包含完成对教师的培训、选拔及对教学专家的甄别；开展丰富多彩的教学活动，培养教师的新的教学理念和管理方式。

（2）学生管理。主要包括对学生课程培训的跟踪，对学生学习计划的制订，学生注册与学籍管理，考试与学分认定，完成学生的录用和学生学业的认定管理。

（3）教学资源管理。主要包含制订详细的学生培养计划，然后依据学生培养计划合理分配资源，并选择合理的技术手段帮助完成课程计划。

（4）教学硬件配置管理。硬件设施的管理，包括多媒体设备、设施的投入、教学建设的规划及对现有的教学的监管。

中等职业教育的教学内容既包含了普通学校教育的特定教学内容和形式，也突出了中等职业教育的教育特色。其表现在教师在教学过程中的行为准则和学生在学习过程中的行为方式的不同。

2. 教学管理功能

中等职业教育教学管理的功能主要表现在以下三个方面。

（1）实现教学资源规划和教学资源的合理分配。教学资源规划是保证教学管理顺利进行的物质基础。资源管理主要内容有多媒体教学资源的种类和数量，系统发布和生产多媒体教学资源的过程，学生能够获取多媒体教学资源的数量，等等。学校根据各专业制订的基本教学计划结合自身的硬件设施、管理能力制订相应的教学科目、招生目标，然后制订出各教学科目的课程内容、课程目标、教学方式，经过上级部门审核批准后，分配相应数量的教学资源。

（2）保障学生服务体系的建立。通过科学、合理、灵活的学生管理方式，学校可以建立学生服务体系，为不同年级的学生创造受教育的环境、使得学生有良好的学习空间，保障学生顺利完成学习计划。学生根据自己的情况选择不同的服务方式，从而达到相同的教育需求。学校可以对学生的学习进行指导，但是不会牵制干预学生的学习形式。由于中等职业教育的特殊性，教学管理工作的尺度把握及教学过程的监管显得十分必要。

（3）保证课程教学质量。教学管理不仅是合理的管理和分配资源，建设服务体系，还需要反馈学生的教学情况，总结经验，不断提高教学质量。在管理过程中，服务中心需要定期地做市场调研、了解学生进入工作单位的情况及学生是否满意服务体系提供的服务等内容，及时发现教学过程中的过失并改正，保证教学质量，完善教学环境。

第二节　管理人员队伍应具备的素质和建设措施

一、管理人员队伍应具备的素质

管理人员队伍应具备教学支持服务素质、资源服务素质和设施服务素质三个方面的要求。

1. 教学支持服务素质

教学支持服务素质主要体现在教学辅导过程。首先，教学辅导是诸多学习支持服务中最基本、最重要的与课程内容直接相关的一项教学服务，其内容包括：课程内容的讲解、辅导和答疑；课程学习方法指导；作业、检测的批改评价和指导；实践性教学环节的指导等。

其次，教学咨询服务主要解决两类问题。一类是与学习有关，但又不涉及特定课程的具体教学内容的各类问题，如：教学行政管理咨询、教育资源的获得、一般学习方法和学习技巧等；一类是与学习无关的问题，如：如何利用计算机、电话与学校和教师交流沟通，如何申请各种财政资助，如何解决影响学习的问题，等等。

2. 资源服务素质

资源服务素质主要体现在为学生提供的优质课程资源上。伴随着多媒体技术的发展，将使学校提供的学习资源的性质、数量和质量都发生重大的飞跃。资源建设者将按照全媒体资源模式重新设计并建设标准化、规范化的校园网到互联网的网络解决方案和教学专业平台；组织进行标准化、规范化的网络课程和网络课件等网络资源的建设并实现共享。

3. 设施服务素质

设施服务素质是指为学生提供的各类教学通信设施和设备的能力，包括教学基地、实验基地、图书资料中心、视听制作中心、计算机网络中心和教学管理中心等。

二、管理人员队伍建设的措施

学习支持服务应该做到全面而到位，要考虑到中等职业教育学生的差异化特征，服务讲究便利、迅速而高效。学习支持服务在为学生提供服务的时候，就要考虑到如何做才能使学生在遇到问题时的解决途径是明朗的、快速的、高效的。使得学生在遇到问题的那一刻能高效迅速地找到解决问题的方案。学习支持服务能针对不同年级的学生的特征和不同的学习问题能提供针对性的解决方案。

1. 加强教学管理模式及手段建设

（1）健全管理机制。管理支持主要是帮助学生自主学习和完成学业提供的非学术性学习支持服务。从入学、学籍、教学、考试等四方面入手健全学习支持服务的管理机制，明确各个机构的职责内容，要求各部门协调一致。可以在各方面服务内容的提供上制订详细的要求，明确列出需要做到的事项，在管理上严格起来。

（2）加强反馈机制。在对学生提供学籍管理、教学安排等方面的学习支持服务时，经常出现上下信息链堵塞的情况，服务机构与学生处于联系中断的状态，信息发布不下去，问题反馈不上来，这需要加强机构和学生直接的双向交流。

2. 做好教学管理人员专业素质建设

（1）教学管理。学校制订相应的学习规则对学生学习进行指导和管理，学生也可以从统一的学期管理体制走向个别化的课程注册管理体制。学生可以依据自己的实际情况和学习进度注册学习。学习支持服务教学管理人员也要提供灵活的学生注册和学习方式。

（2）学籍管理。中等职业教育的学籍管理对学习支持服务管理人员的要求就更高了，不但要精通学籍业务，还要熟悉现代化管理技术。学籍管理工作人员要坚持原则、按章办事、严把质量关，每个人都要有较强的处理问题、解决问题的能力，把“严格”两个字落实在学籍管理工作的各个环节。中等职业教育的学籍管理工作不仅面向在籍学生，同时也面向毕业的学生，由于各种原因大量已毕业的学生返回学校查验各类档案。因而，随着办学规模不断扩大，学籍管理工作要不断树立服务意识、提高工作效率和质量。学习支持服务的学籍管理工作不仅要做好学生的管理和服务，同时要努力探索工作中遇到的新问题，在不断总结、不断积累工作经验的同时，促进学习支持服务的学籍管理制度化、科学化和规范化，更好地为学习支持做好服务。

（3）考务管理。学习支持服务的考务工作是对教与学全过程的一种总结性评估，其本身也是教学管理的一个重要环节。通过考试，不仅检查了学生的学习成绩，检查了教师的教学效果，而且检验了教学系统的设计和运行质量。中等职业教育的教学对象在入学之初总体水平较低，差异程度较大。因此，考试管理成为中等职业教育教育质量控制和管理的一个重要环节。同时要求制订相应的考试规程和考试管理规范来控制、管理和保证考试的质量。

三、提高教学管理人员技术支持建设

计算机多媒体技术和互联网通信技术掀开了现代教育新的一页。技术支持在中等职业教育学习过程中是重要保障环节。学习支持服务中教学服务工作的开展，每一个环节都离不开技术的支持。技术支持是否正常直接决定了学习支持服务的成败。

（1）对教学管理人员进行培训。像很多公司岗前培训一样，学习支持服务的教学管理人员进入工作环境之前，都要进行相关培训。一方面是业务培训，随着现代教育发展，不断有新的要求、规定及政策出台，教学管理人员必须进行不定期的业务培训；另外，教学管理人员有流动性，学校每学期都会对教学管理人员进行定期培训，加强学习支持服务管理人员的业务能力。另一方面现代教育技术不断革新，管理手段不断提高，要求学习支持服务教学管理人员必须进行技术培训，熟练掌握计算机应用的技术，提高技术管理水平，有效提高教学管理的工作效率。通过技术管理为学生继续学习和终身学习提供优质的学习支持服务。

（2）提高教学管理人员的信息素养。教学管理人员除了精通业务之外，还需要培养教学管理人员的信息素养能力。信息素养是指利用各种信息工具特别是多媒体和网络技术工具确定、查找、评估、组织和有效生产、使用、交流信息，并解决问题的能力。具备信息素养的人是知道如何进行现代化管理的人，使学习支持服务教学管理人员能高效获取信息。人们常说网络资源如浩瀚的海洋一般取之不尽、用之不竭，学习支持服务必须有效接收、整理、小结信息资源，对学生学习支持服务提供正确的指导信息，有效提高学习效率。学习支持服务教学管理人员要多比较、多分析，在不断经验总结基础上慢慢掌握信息的评价能力，通过对教学信息分析、比较、归类、解释等，将信息重组，使之具有条理性和可搜索性，为学生提供最直接的教育教学信息。

第三节　班主任队伍建设

班主任的工作是完善学习支持服务的需要，它贯穿于中等职业教育学生的学前、学中、学后等整个学习过程中。中等职业教育班主任与传统意义上的班主任不同，重在管理、重在引导、重在服务，同时班主任也是学生与教师、学校沟通的桥梁。倡导“一切为了学生，为了一切学生，为了学生一切”的服务精神，树立学生需要我服务、学生问题我解决、学生困难我帮助的工作意识，为了学生顺利完成学业，学校配备了专职班主任，为学生做好基础的学习支持服务工作。

一、班主任队伍的现状分析

学习支持服务班主任队伍不仅仅是学生学习的组织者，也是学生学习的引导者和服务者。中等职业学校学生情况复杂，学习动机、学习能力、个人素质等都不相同，学习时间、学习条件等方面也存在差异。班主任面对各类学生，并能为之提供良好的学习支持服务，就必须充分了解每个学生的特点、家庭状况、学生的思想动态，了解学生和家长的入学动机、学习目的等，因势利导，帮助学生树立自主学习意识，利用现代化教育技术手段，给学生提供多种学习支持服务。班主任虽然大多数能扎实工作，但在实践工作中也存在一定的问题。

1. 自身素质和管理水平有待提高

由于普通高中的扩招，中等职业学校专业设置的局限，学生的个人素质也是参差不齐。一些学生学习的目的性不明确，有的是为了学习专业技能提高自己，有的是家长怕孩子太小到社会上学坏，还有的是没有目的漫无目标的。同时学生的学习基础不一致，学习能力不同，年龄上也有差距，有的班主任在管理班级学生的同时还要担任专业课教师。管理难度的增加使得班主任自身能力的不足就凸显出来，跟不上信息时代的要求，部分班主任对各种媒体技术与表现形式在理解和运用上有很大的困难。这样就会造成与学生沟通及传递信息不及时，导致学生出现问题不能及时处理，影响为学生做好学习支持服务工作。如何通过学习提高班主任自身素质和管理水平，做到细致化、人性化的学习支持服务，是班主任面临的重要问题。

2. 多边沟通机制不畅通

班主任队伍是一个多边的、多元的、多方协作的综合体，班主任与学生、教师、技术人员及教学管理人员是互相支持的共同体，哪一方兼顾不到都会产生不协调。如果出现哪怕是一个人沟通不顺畅，就会出现不协调的音符，将造成学习支持服务环节的脱节，影响学生支持服务工作的畅通。

3. 考核制度有待完善

在日常工作中，班主任常常忙于事务性工作，忽略主动服务，有些人服务意识相对淡薄。对学生的管理多、服务少，部分班主任由于缺乏制度约束，责任心较差，缺少市场竞争的服务意识。学校的班主任虽然都是正式职工，但也都是兼职班主任，对工作的主人翁意识不强。有些班主任仅是新生入班时对学生能够做到热情服务，在学习过程中就马马虎虎，仅做好一般的事务性工作，服务的执行能力有待提高。真正的班主任的学习支持服务工作，不仅是在招生或报到时提供的，而且体现在后续的学生学习管理工作中，要有先进的营销意识，更需要较强的服务能力。因此，应用制度考核班主任工作内容，用制度确保班主任工作实效，进一步提高班主任的学习支持服务能力。

二、班主任队伍的工作职责

为充分发挥班主任在学生日常学习、管理工作中的积极性、主动性、创造性，进一步强化班主任管理与服务意识，实现班主任队伍专业化建设和制度化管理，根据沈阳市教育局有关规定和学校实际情况，特制订自己的班主任岗位职责。

（1）班主任全面负责本职范围内学生的日常管理工作，具体包括：

① 负责学生报到后办理学生证、校验报名信息、公布课表和上课地点、教材发放等工作。

② 负责协助任课教师完成授课任务及校验工作。

③ 负责学生实验、实践管理、毕业实习的考核成绩登录、打印考试通知单及考前纪律教育。

④ 负责各种考试、考核成绩的发布、成绩查询手续的办理与上报，督促学生及时参加实践环节教学，按期完成规定的社会实践任务。

⑤ 协助学生处学籍干事组织并完成好毕业资格的初审，做好毕业证书的发放和登记工作。

⑥ 负责督促学生及时交纳学费。

⑦ 负责利用学习支持服务网站，开展学生网上管理和信息发布。

⑧ 负责所管辖学生开展文体活动的组织、指导与实施。

⑨ 配合学生处做好优秀学生和优秀毕业生的评选推荐工作。

⑩ 负责学校及相关部门有关临时事项的通知工作。

（2）班主任负责了解、掌握开放教育学生的思想动态，有针对性地做好思想政治教育工作，具体包括：

① 了解学生入学后的思想情况，帮助学生深刻认识和理解中职教育，引导学生树立正确的学习目的，坚定努力完成学业的决心和信心。

② 针对学生家庭、工作和个人的实际，通过谈话、交流、走访等方式，帮助学生解决学习中遇到的实际困难和思想上出现的实际问题，促使学生妥善处理工作、学习和家庭的矛盾，确保学习过程的完成。

③ 及时做好学生学习过程的支持服务，成为学生与教师、学生与学

校、学生与学生之间相互沟通的桥梁，通过多种方式及时掌握和反馈学生学习中的各种信息和遇到的实际问题，调动学生的学习积极性。

④ 组建班委会、团支部，指导学生干部开展工作。

⑤ 加强班风、学风建设，对不良倾向的苗头及时发现，化解在萌芽状态。对学生心理障碍和情绪波动及时疏导。

（3）配合教师、教务干事做好学生学习支持服务工作，在服务中实现管理，在管理中体现服务，具体包括：

① 了解学生原有文化基础、技能水平，有针对性地帮助所负责的每名学生尽快转换角色，投入本专业学习，并应有目的地调动学员的学习积极性。

② 综合学生学习过程中遇到的疑点、难点和问题，及时与相关责任教师衔接，并主动向所在主管领导汇报，使之得以尽快解决。

③ 引导学生充分利用网络教学资源，充分实现资源共享，逐渐培养学生具有一定的自主学习能力。

（4）班主任的基本工作量为 40 名学生的日常管理，基本工作量不足时，除班主任工作外，还将承担学校的日常管理工作。

（5）班主任的工作时间每周不少于 40 小时，在完成规定工作任务的前提下，具体安排由各学生处根据实际情况自行确定。

（6）本岗位职责自发布之日起试行，其他有关文件规定与本岗位职责不一致的，以本岗位职责为准。

（7）本岗位职责由学生处负责解释。

三、班主任队伍应具备的素质

学生支持服务的班主任工作是至关重要的，班主任可以说是学生信息的传播者，是学习支持路上的服务者，是师生交流的联系者，也是新形式下职业教育管理模式的实践者。因此，做好学习支持服务班主任管理工作必须加强学习，努力提高自身的业务素质与管理素质。

1. 信息服务素质

信息服务素质是一项最基本的学习支持服务功能。它包括：信息发布、信息反馈与处理答复。学校责成学校责任教师、班主任通过学校网站、教学、管理平台等计算机网络向学生单向发布注册信息、课程设置及选课指导信息、面授辅导课程安排、作业布置及进度统计信息、实践性教学环节进度信息、检测和考试信息等。学校要利用构建的各种师生双向通信机制，如人际面授交流、邮政信函、电话及基于计算机的通讯方式（电子邮箱、QQ、微信等），及时处理答复学生学习过程中反馈出的个性化信息。

2. 协助组织和开展实践性教学素质

协助组织和开展实践性教学素质主要体现在组建学生学习小组方面，网络远程教育的特点决定了学生与教师、学生彼此之间的交流缺陷，组建学习小组可以说是学习支持服务系统中加强人际交流的一种有效形式；同时实践性教学环节是远程教育必须面对的一个难题，我国中职教育多年来存在的主要问题就是学生在校所学和毕业后实际需求相脱节，远程教育利用计算机技术开发的虚拟实践教学环境和实体的实践教学基地建设已经取得了一些进展，特别是英国开放大学在地质学和音乐两个专业上的成功，也预示着在远程教育领域实践性教学环节这一难题并不是无法解决的。

3. 对远程学习者的评价素质

对远程学习者的评价素质主要体现在平时作业、检测和考试方面。作业、检测和考试的主要功能是帮助学生更好地掌握所学的课程内容、应用所学知识解决各类实际问题。作业和检测称为形成考核，用以检查学生的学习进度及学习目标的掌握程度，检查教育资源的设计开发质量、学生学习支持质量及远程教学效果，它是实现远程教育个别化教学和个性化学习的重要途径和手段。

四、班主任队伍建设的措施

在远程教育的学习支持服务工作中，班主任的工作是基础、是砥柱。学生入校报到直接面向的就是班主任，为学生提供的学习支持服务（如教学管理、学籍管理、考务管理等），都要通过班主任去组织、引导与实施，班主任是学生顺利通过远程教育完成学业的重要引导者，也是为学生做好学习支持工作的服务者。因此，在队伍建设、素养提升、常规工作及目标考核等方面都要不断地完善和提升。

1. 加强学习提高自身素质和管理水平

班主任是远程教育学习支持服务的专业管理者、助学者、服务者，与学生有着最直接、最频繁的接触，能够及时了解学生心理、思想上的问题及学习中的困难。因此，如何充分发挥班主任管理和服务的职能，做好对学生的引导和帮助工作，使学生明确远程教育的学习特点和优势，转变学习观念，端正学习动机，提高学习兴趣，适应现代化学习手段，顺利完成学业，是学习支持服务班主任在接触学生后首要考虑的问题，这是不同于传统意义上的班主任的显著区别。为保证班主任具有远程教育的认识和观念，要经常学习有针对性的远程教育理论的研究报告和相关文件，让班主任以一个熟知远程教育理念、管理制度的角色去引导学生，学生同时也会重视与班主任的联系与沟通。

为了更好地做好学生的学习支持服务，每一名班主任应掌握现代化的学习方法和技能，并能运用科学的管理方法做好班主任工作。例如：利用“校讯通”平台进行短信发送，充分利用QQ群、微信群功能。在工作中及时发现学生的问题，做出分辨和分析后，根据具体的教育情境及时反馈。尽可能地站在学生的立场上想问题，理解他们的态度、情感和观念，预测他们的心理反应和行为方式，从而提供切实、有效的学习支持服务指导。

班主任在工作中都有许多的经验，怎样让好的经验转变为团队的共享资源，为此，可设立班主任例会，除了总结、布置相关工作，另一个重要的内容就是在会上分享工作的经验。通过交流，班主任间能互相学习细心、贴心、一丝不苟的工作作风，清醒意识到今后工作的努力方向，对于班主任整体素质的提高起到很大的帮助。只要服务质量和管理水平上台阶，各项工作才能开展好、落实好、发展好，班主任在交流过程中从学生的学习需要出发，实施精细化服务，创新班主任工作方法，形成了具有特色的“微笑服务”“个性化服务”“移动服务”“超市服务”等服务模式。

2. 加强沟通发挥桥梁作用

远程教育是以学生主动学习为主，在师生分离的状态下如何做到管理开放而不松散，学生自主而不茫然，班主任必须扮演好联系桥梁的角色，使用多种渠道与学生联系，加强师生之间的有效沟通，保证学生与教师、学校之间的信息顺畅。

班主任要树立学生的学习信心，克服学生在学习中的畏难情绪，在远程教育学习过程中，不少学生在开始学习时有明确的学习目的和一定的学习兴趣，但随着学习进度的深入，工、学矛盾的突出，会感到学习越来越吃力，有时会怀疑自己的能力，甚至产生了放弃学习的念头。针对这样的情况，班主任要做好学生心理上的动员工作，使学生从紧张和焦虑的情绪中走出来，再与教师、同学一起分析学习困难的主、客观原因，并与任课教师取得联系，帮助学生解决学习上存在的困难，积极参加网上答疑，发现问题及时解决，让学生快速摆脱学习困境，让学生的学习高效步入正轨。

班主任要做好学习支持服务工作应建立一套快捷有效的沟通机制，可以建立班委会，也可以建立学习小组，任何通知、信息和资源的下发都能快速传递下去，而且学生对教师、学校的意见或建议也能很快地集中反映到班主任手里，既增加了师生关系、生生关系，也调动了学员的学习积极性，为学生学习支持服务打下良好的基础。

3. 明确任务实行目标考核

班主任工作千头万绪，需要耐心细心，责任重大还需要乐于奉献。如何对班主任工作做出客观的评价，并有效激励班主任工作的积极性，对此，根据学校实际情况决定对班主任出台目标考核制度。

《沈阳市城市建设管理学校班主任量化考核实施细则》

为进一步提升我校班主任工作的科学化、规范化，依据《沈阳市城市建设管理学校班主任岗位职责》规定的各项工作职责，结合我校工作实际，特制订本实施细则。

第一部分　考核范围

学校校内从事中等职业教育学生管理工作的班主任。

第二部分　考核内容和原则

针对班主任个人的德、能、勤、绩、廉等方面，坚持定量与定性相结合的原则，做到公平、公正、公开、客观、准确，考核结果与被考核者见面。

第三部分　考核形式与办法

班主任工作的考核采取一年为一个考核周期（定于每年 12 月中旬），考核工作在学校领导和相关部门协助下，由主管副校长负责具体实施，考核结果上报人事处存档。

（1）被考核者在规定时间内，按照《沈阳市城市建设管理学校班主任岗位职责》规定的具体工作内容，根据实际完成情况写出自我总结材料。

（2）由主管副校长负责本班主任考核的具体实施工作，在相关职能部门的协助下完成每名班主任的工作量化考核的得分计算。

（3）考核结果经班主任本人签字确认，主管副校长签署意见后，负责在学期结束前将班主任个人总结和量化考核表上报学校人事处存档。

第四部分　量化计分办法

每名班主任考核满分为 120 分（其中测评基础分为 100 分，奖励分为 20 分），从基本工考核（A）、日常管理（B）、学生评价（C）、奖励加分（D）四个方面对其进行考核并计分，最后得分=A+B+C+D。详细标准如下表所示。

班主任量化考核表

项目名称	分值	说明
基本工考核（A）	40分	基础分：30分
		超额分：10分
日常管理（B）	50分	学费收缴率：10分
		选课、报考：20分
		学院日常工作：20分
学生评价（C）	10分	
奖励加分（D）	20分	

第五部分　考核标准

（1）考核结果分为优秀、称职和不称职三个等级。90分以上为优秀，60~90分为称职，60分以下为不称职。

（2）班主任的量化考核结果，将作为评比、留用、解聘的重要依据，量化考核结果为不称职者，学校将解除工作合同。

第六部分　本实施细则由学生处负责解释

学习支持服务管理队伍的建设是一个长期工作，在工作中要进行总结和思考，工作中还有要深化和完善的地方。学习支持服务是与时俱进的，管理人员也要在工作实践过程中进步，只有自身水平提高了才能更好地为远程学习者提供服务。随着学习支持服务在信息技术影响下不断前进，远程服务人员也不断接受新思想和新技术，提升自身水平，也保证了远程教育学习支持服务管理人员的服务水平。

在互联网的时代，学习教育可以是一个根据学习者需求，自主选择、个性定制的过程。丰富的课程资源建设与完备的学习支持服务队伍，解决了学习中时与空的跨越。通过网络远程教育十余年的工作实践探索，我们认为尽管学习支持服务队伍建设的内容非常繁杂，但只要处理好“服务者、信息和资源、学习通道、服务对象”这几个关键结点之间的联系，既为服务者提供足够的学习信息和资源，又有十分畅通的学习通道，就会使学生实现学习的目标。

第五章　中等职业教育数字化资源建设

数字化资源作为现代教育的基础要素，在中等职业教育的办学实践中具有举足轻重的地位。没有丰富资源的网络和平台，犹如跑在高速公路上的空车一样，没有意义且浪费资源。没有海量且个性化十足的数字化资源，学习支持服务就是一句空话，因此学习支持服务与数字化资源建设是紧密相连的一个问题的两个方面。数字化资源可以使学生随时随地、灵活有效、全面掌握学习主动权，它可以满足学生的个性化学习，它可以提供和满足课程答疑，它可以做到功能更全、效率更高、费用更省。本章重点讨论中等职业教育的数字化学习资源的作用，分析基于网络的教学资源、基于多媒体的教学资源、基于实践虚拟类的教学资源、基于移动平台的教学资源、基于微课程的教学资源、基于全媒体数字教材的教学资源，介绍沈阳市城市建设管理学校文字教材资源建设规划，记述了现代教育体系下多媒体教学资源的建设和共享模式，最后阐明了教学资源著作权的保护问题。

第一节　数字化学习资源的作用与特点

数字化学习资源建设是中等职业教育教学的方向，为学生自主学习和获得更多的学习选择提供了条件。本节主要介绍数字化学习资源的分类、数字化学习资源的作用和数字化学习资源的特点。

一、数字化学习资源的分类

1. 媒体素材

媒体素材是传播教学信息的基本材料单元，可分为五大类：文本类素材、图形（图像）类素材、音频类素材、视频类素材、动画类素材。

2. 课件与网络课件

课件与网络课件是对一个或几个知识点实施相对完整教学的用于教育、教学的软件，根据运行平台划分，可分为网络版的课件和单机运行的课件。

3. 网络课程

网络课程是通过网络表现的某门学科的教学内容及实施的教学活动的总和，它包括两个组成部分：按一定的教学目标、教学策略组织起来的教学内容和网络教学支撑环境。

4. 题库

题库是按照一定的教育测量理论，在计算机系统中实现的某个学科题目的集合，是在数学模型基础上建立的教育测量工具。

5. 案例

案例是指有现实指导意义和教学意义的代表性的事件或现象。

6. 常见问题解答

常见问题解答是针对某一具体领域最常出现的问题给出全面的解答。

7. 资源目录索引

资源目录索引是指列出某一领域中相关的网络资源地址链接和非网络资源的索引。

二、数字化学习资源的作用

（1）教学资源不受地域的限制，提供的是师生异地同步教学，教学内容、教学方式和教学对象都是开放的，有助于国家整体教育水平的提高，为全体社会成员获得均衡的教育机会，为“教育公平”成为现实提供了物质支持；同时，教学资源也不受学习时间的限制，学生在任何时候都可以获得自己需要的教育内容，实现实时和非实时的学习。

（2）教学资源的发布依靠先进和现代的教育技术，极大地提高了教育的交互功能，能够实现教师与学生、学生与学生之间多向互动和及时反馈，具有更强的灵活性。同时，多媒体课件和网络课程使教学资源的呈现形式形象生动，提高了教育质量，有利于学习者理解和掌握，有利于学习者潜能的发挥，启发创新意识，提高教学效果。

（3）教学资源能够满足学习者个性化学习的要求，学习者可以自主地选择学习内容，同时，它也可以针对不同的学习对象，按最有效的个性化原则来组织学习，根据教育对象的不同需要和特点，及时调整教学内容，做到因材施教。

三、数字化学习资源的特点

1. 资源开放性

以互联网和多媒体技术为主要媒介的教学资源，突破了学习空间和时间的局限，赋予了教学资源开放性的特征。教学资源的开放性特征，还带来了大众普及性的特点。教育机构能够根据学习者的需要和特点开发灵活多样的课程，提供及时优质的培训服务，为终身学习提供支持，有利于学习型社会的形成，具有传统教学资源所不可比拟的优势。

2. 技术先进性

现代教学资源以计算机技术、软件技术、现代网络通信技术为支撑，数字化与网络化是教学资源的主要技术特征，充分体现教学资源的技术先进性。

3. 资源共享性

教学资源利用各种网络给学习者提供了丰富的信息，实现了各种教育资源的优化和共享，打破了资源的地域和属性特征，可以集中利用人才、技术、课程、设备等优势资源，以满足学生自主选择信息的需要，使学生能够获得更高水平的教育，提高了教育资源使用效率，降低了教学成本。

第二节　现代教育的数字化学习资源

教学资源的分类有很多种，针对教学对象的不同来分类，可以分为学历教育学习资源和非学历继续教育学习资源。前者要求知识结构完整，侧重强化基础理论；后者以独立知识点为主，侧重技能和能力的培养。针对资源制作方式来分类，可以分为网络资源、多媒体课件资源、实践虚拟类资源和移动学习资源。其实这四部分的资源也不是完全独立的，它们也是互相渗透和补充的，而且并存于各个领域。各类多媒体课件资源和实践虚拟类资源同时发布于网络教学平台和移动终端，以满足学生“随时、随地、随身”学习的需求，形成现代教育的特色教学资源。

一、基于网络的数字化资源

网络教学资源，是指教学平台上的辅导性的资源，如 PPT 教案、IP 课件、案例分析、教学大纲、教学设计、在线测试、在线答疑、微课、三分屏、慕课等。

教学平台的技术不断成熟，使优秀资源实现共享。云计算的应用也使大量的教学资源的存储成为可能，所以在教学资源中的网络资源成为了无论是学历教育还是非学历教育的基础理论学习时必不可少的内容。

为进一步建设教学资源，就要根据学生不同的学习要求，对资源进行有层次、有特色地整合，要确定网络的教学资源确实可以给教师的教学和学生的学习带来帮助。防止在网络资源建设中存在知识点的简单移植，重视数量而轻视质量，网络互动差，缺少隐性知识的扩展的问题。要实行资源的自建独享，变为资源的共建共享，实现资源共享和开放，避免资源建设的随意和重复。在网络资源的制作上要两条线共进，即专业的技术人员团队和主讲教师，技术人员负责高质量的精品网络课建设，教师要利用一些快捷简易的课件制作工具自行开发网络资源，例如可以使用 Lectora、Articulate、Storyline 等软件制作互动的小课件，这样既能够保证质量，又能够使网络资源呈现出动态流动的状态，实现网络的虚拟课堂，使教学平台更具有生命力。

二、基于多媒体的数字化资源

多媒体教学资源，是指在教育教学过程中，为了满足学生个性化学习的需要，以课程为中心，将技术与教学融合，为了使学生在学习中不感觉到枯燥，采用多种媒体一体化设计的手段，充分发挥各种媒体的特点和优势，正确使用多媒体形式。

多媒体课件分为单机版和网络版的多媒体课件。可以是多媒体的教学资料，也可以是多媒体的互动资料，主要是将一些结构性的知识点用合适的多媒体手段表现出来，利于学生的理解和自学。它要求避免知识的“全盘搬家”，知识点一定不要过大，不给学生带来疲倦和负担。

三、基于虚拟现实技术的数字化实践教学资源

实践虚拟类教学资源是利用仿真技术、建模技术、相关的计算机语言编程技术构建起来的实践操作环境。同样它也可以根据需要设计成 B/S (Browser/Server) 结构，学员通过互联网与虚拟实验室连接，进行虚拟的实验，甚至可以多人共享实验室，共同完成任务。也可以设计成单机版的

虚拟操作软件，学员通过鼠标和键盘进行虚拟实验。

中等职业教育培养的是大量的应用型人才，他们渴望收获的是技能和实际操作能力。所以特色资源建设必须为那些需要实践操作的课程提供可以进行实践虚拟联系的教学资源，例如计算机虚拟实验室、会计虚拟实验室、数控机床虚拟实验室及机器人虚拟实验室等。

四、基于人工智能技术的移动平台数字化教学资源

移动平台教学资源，是将教学资源设计成基于流行的智能手机平台和操作系统的学习资源，可改变学生获取知识的途径。

在全球，使用智能手机和平板电脑的用户正在飞速增长，学生移动学习的需求越来越大，例如，可以将移动学习资源下载安装到移动终端，以单机的模式进行浏览式的学习，也可以在线通过知识短信、博客、点播、视频通话、微视频等移动方式进行实时的交互学习。就目前正在大力发展和深入研究的微课程制作也会在将来成为移动学习中最具生命力的资源。

五、基于重点知识讲授的微课程教学资源

微课程是一套以微视频为核心，辅之以相应的教学资源与学习支持的学习资源。

微课程可以单独讲解一个知识点，这个知识点可以是学科知识点、例题习题、疑难问题、实验操作，可以是生活中的科普知识或社会文化。是否独立成一门课，或是否成为一门课的组成部分，都需要教学者根据实际的教学设计需求来决定，并没有严格的限制。如果当这些微课程被用作非正式学习的、零碎的知识片段介绍时，或者被用在群体知识建构时的一个节点时，则可视为微型学习（Micro-learning）的形式；如果将一系列类似主题的微课程组成一门完整的课程，则可成为微型课程（mini course）。无论采取何种形式，为提高微课程的资源利用率，都需要根据学生的需求进行精心的教学设计，并辅之以长期的、可持续的学习支持服务，如该教学主题相关的教学设计、课件、学习材料、练习测试及学生反馈、教师点评，以及学习者之间交流与协作的平台。

六、基于全媒体概念的数字教材教学资源

全媒体数字教材是指利用泛在计算及媒体融合等技术理念，以课程核心知识点为基本单位，融合图、文、声、像、画等多种媒体资源，进行结构化设计，呈现课程基本教学内容、主要学习活动及练习和测评，尤其适合学生采用移动终端在各种环境下（在线和离线环境）都能进行学习和阅读的数字教科书。

全媒体数字教材的特点是集成整合了“图文声像画”多种数字媒体，提供最佳的学习内容和学习流程，具有笔记、书签、标注、测评、词典、搜索等辅助学习功能，支持多终端使用，支持离线使用。全媒体数字教材是各种媒体资源的再整合，“图文声像画”呈现知识内容，人机交互式测试题，快速查找内容，书签、笔记、标注。

全媒体数字教材的设计理念是在原纸质教材基础上，对内容和结构进行高度整合和优化，合理运用多种媒体资源，延展丰富教材内容，设计适当学习活动，满足教学需求，设计适量学习测评，及时巩固强化所学内容，注重导学、助学功能的设计，提供最佳学习路径，使学习者全方位、立体化掌握学习内容，优化学习体验。

第三节　现代教育体系下多媒体数字化资源的建设

随着现代化信息技术的飞速发展，中等职业教育教学资源的建设与实施对推动中等职业教育发展起着举足轻重的作用。中等职业教育教学资源是中等职业教育不可或缺的重要教学资源之一。教育部先后启动、实施了“新世纪网络课程建设工程”和“国家精品课程建设工作”，目的都是为了建设一批高质量的现代教育教学资源，推进优质教学资源共享，提高教育质量。

一、现代教育数字化教学资源的评价标准

网络课程作为一种新的教学资源，它的评价标准决定了对其开发流程及模式的设计，*E-Learning Certification Standards* 是当前国内外比较认同的一种评价标准，是由以 Lynette Gillis 博士为主创者的著名教学设计与适用

专业委员会建立，由美国南伊利诺斯大学的测量专家开发的评分标准，主要从课件的可用性、技术性及教学性三个方面对其进行评价，可用性主要针对其方便性，例如导航设计、界面设计及课件素材的质量等，技术性包括课件设计中所涉及的各项指标，教学性主要是从教学设计的角度出发，从其课程内容、教学策略、实施评价等方面提出的要求。

从这个评价标准可以看出，一个好的网络课件是由技术性和教学性完美结合的产物。贯彻执行这一标准，将有利防止资源制作上出现的一系列问题，比如技术含量不高、规范性不强、不利于日后的推广和共享、开放性不强、缺乏有效的后台管理等。

二、现代教育数字化教学资源的开发模式

这里介绍的是目前美国提出的一种课程开发模式 ADDIE。其中，模式 ADDIE 分别代表分析（analysis）、设计（design）、制作（development）、测试使用（implementation）和评估（evaluation）五个模块。

其中，分析和设计是课程开发的基础，制作和测试使用是课程开发的核心，而评估则是课程开发质量的重要保证，这三者是相辅相成、不可分离的。

根据这一模型，笔者基本确定了适合中等职业教育网络课程资源建设的设计流程主要分为三个方面，即首先确定要学什么（学习目标），然后确定如何去学（学习策略），最后如何去判断学生是否达到学习效果（评估测试）。将这三个方面具体到实际操作时分为五个阶段，分别是课程调研、课程方案、课程设计、课程制作和评估测试，见图 5-1 所示。

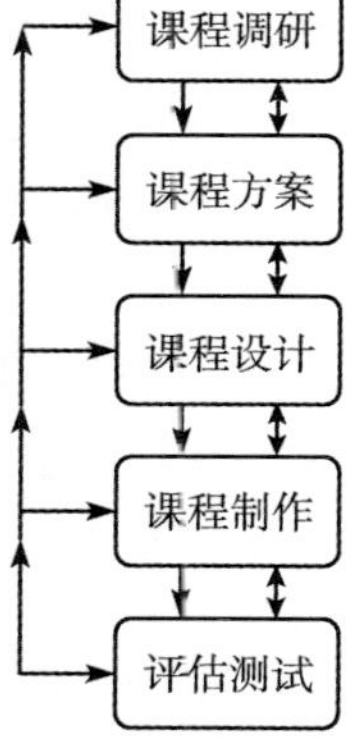

图 5-1

这五个阶段的具体内容分别如下。

(1) 课程调研：对课程接受者即学生的调查分析，包括这门课程的学习对象是哪些人，学生期望的环境和需求是什么，学生是否具备相关的学习经验，以及他们是否已经做好准备。学习对象不同，教学设计的结果完全不同。教学设计必须把握不同学习者的学习需要和个性需求，针对不同学习风格和知识基础的学习者提供不同的、相适宜的学习建议和学习支撑环境，从而真正实现因材施教和个别化自主学习。可以采用调查或测试的方法对学习者的学习准备进行前测，了解学生的学习状况和学习需求。对课程制作的工具、平台及媒体的调查分析，这个过程要从多个渠道获取资料，包括学生、主讲教师、技术人员等。

(2) 课程方案：由主讲教师对将要讲授的课程内容拟定教学大纲，确定教学目标及要求，设计出课程内容的框架图，这是下一步课程设计的基础。

(3) 课程设计：由技术人员和主讲教师配合，根据课程方案的内容框架，确定课程内容的表现方式、导航结构，确定学习平台，确定接口设计，确定所要采用的评估手段，撰写脚本。

在课程设计的过程中，要避免将网络课程做成传统课本和课堂的翻版，将现在普遍的学生被动接受型架构更新为引导学生探索型架构，好的教学设计不仅要遵循传统教育理论的认知规律，还要考虑学生实际的学习情境需要，已有知识水平、个体差异及参差不齐的现状，对教学内容的设计上进行有针对性的选择，考虑到网络课程的易用性、交互性、美观性、媒体和技术的最大优化和完整的教学评估过程，等等。

(4) 课程制作：根据脚本设计的内容，对课程做具体的设计制作，包括页面设计、美术设计、程序设计和后台管理、学习支持服务等。

(5) 评估测试：对网络平台的接口评估，将网络课程与网络教学平台整合，并在试运行的基础上进行调整和反复修改，通过审定的网络课程才可以载入互联网络，并对网络课程进行维护和及时更新。对已经完成的课程及学生的学习效果进行评估，首先要对课程内容的准确性进行测试，然后要对课程的效果测试，包括学生是否喜欢和受益、是否达到预期目标等。这一过程可以有对每一阶段的形成性评估和几个阶段后的总结性评估，可采用测试方式和问卷调查方式得到学习者对学习过程的满意程度。网络课程的教学和学习评估设计应注重形成性评价设计。因为加强形成性评估，可以改善网络教学时空相对分离的状况，有效地监控教学过程，为学习者提供学习动力支持和一定的学习约束。这样不仅能够充分调动学生学习的积极性、主动性，提高学生的学习质量，同时能够发现学生在网络学习中的问题和困难，进一步促进和完善网络教学质量。这个评估过程是网络课程中最能体现课程价值的，也是建设网络学习资源的最终目的。

当然这五个阶段绝对不是单向的，而是多向的一个流程，每个模块出现问题都要回到前面模块重新设计，尤其是当评估测试阶段出现问题后，要根据问题的类型回到相应的模块进行修改。

那么这一系统化流程，由于前期所做的科学调研，使得制作的网络课程有针对性，能满足学生的学习要求，使学生获得最大的收益；由于流程的清晰化，使得主讲教师和技术人员的工作效率大幅提高；由于流程中的评估环节，使得网络课程在最大限度上保证了制作质量和提高了收益回报。

三、现代教育数字化教学资源研发团队建设

为更好地建设高质量的教学资源，依据教学资源建设的要求，组建网络课程制作团队，探索适合中等职业教育网络课程建设的开发模式。

网络课程的制作团队，可以分为两个组，分别是设计开发组和课程教师组。其中设计开发组包括教学设计人员、美工设计人员、技术支持人员和课件制作人员。课程教师组包括课程组长、主讲教师和辅导教师。

各小组人员组成及其职责分别如下。

1. 设计开发组

负责课程的教学设计、资源管理、技术支持和后期的技术开发与课程实现。

教学设计：协助课程教师组进行网络课程开发方案设计，确定课程内容模块和技术实现方案，管理课程素材资源，协调资源整理与技术开发的进度，负责课程评价工作。

美工设计：负责网络课程界面设计和整体包装。

技术支持：负责课程音、视频素材的录制，在课程教师组指导下进行动画制作，进行课程素材的编辑加工，开发网络课程的后台管理系统，以及教学支持服务。

课件开发：负责课程素材的加工与合成，实现网络课程。

2. 课程教师组

负责课程素材的整理和提供，指导、协助技术人员进行课程开发。

课程组长：负责网络课程的整体策划、内容的组织和审核把关，保证网络课程的科学性和权威性。

主讲教师：负责课程内容的组织，音、视频素材的主讲与制作。

辅助教师：协助主讲教师进行素材的收集与整理，编写文字脚本，制作媒体素材，协助技术开发人员进行技术实现，负责课程测试评估工作。

第四节　沈阳市城市建设管理学校校本教材资源建设

1996年国家教委颁发的《全日制普通高级中学课程计划（试验修订稿）》规定，学校应该“合理设置本学校的任选课和活动课”。近年来，课程多样化的趋势进一步加快，此次基础教育课程改革，国家根据教育目标规划课程计划，按照这一计划制定必修课的课程标准，把选修课的决策权交给地方和学校，并颁发了与之相配套的《地方和学校课程开发指南》，旨在建立自上而下和自下而上相结合的管理政策。学校也努力建设自己的校本课程、样本教材。校本教材是学生获得系统知识、进行学习的主要材料，它可以形象准确地帮助学生掌握教师讲授的内容。同时也是教师进行教学的主要依据，它为教师备课、上课、布置作业等提供纸质材料。

一、校本教材建设的模式研究和建设规划

（一）总体构想

沈阳市城市建设管理学校在“十三五”期间要建设一批有自己特色的校本教材。这些文字教材紧紧围绕沈阳市城市建设管理学校特色专业和东北老工业基地发展进行建设。

1. 编写模式

采取四种模式编写。

（1）传统与知识点结合的编写模式。这种教材的编写模式是在教材的传统编写的基础上，提炼出知识点，既有讲解，又有知识点。所谓的知识点是把每章的重点、难点都分别写出来，便于学生自主学习。这种编写模式符合学生阅读习惯和学习习惯，同时便于学生对教材中的重点、难点的理解和把握。

（2）知识点式的编写模式。知识点式是指每章的内容完全是以知识点的形式出现，若干个知识点组成一章内容，每个问题既独立又相互关联，共同组成完整的内容体系。这种编写模式突出了知识点，便于学生抓住重

点难点。

（3）问题式的编写模式。问题式是指教材是以提出问题，然后回答问题的方式编写。教材都是以提问的形式出现，让学生带着问题去学习，目的明确，理解起来简单明了。

（4）案例式的编写模式。所谓案例式编写模式是指每一章或者一节前面都是以案例的形式引出本章内容，教材内容都是围绕案例展开，围绕案例进行编写。这种编写模式，生动、具体，使学生能够结合实际思考问题，具有很强的理论联系实际的特点。

2. 校本教材的特点

合一式教材是沈阳市城市建设管理学校规划校本教材的突出特点。

（1）文字教材、音像教材、网络课程合一。沈阳市城市建设管理学校的文字教材编写后，要在文字教材的基础上，制作相应数量的三分屏、微课，并且分阶段逐步制作网络课程。

（2）文字教材、阶段测试、期末考试合一。在每本教材中要设计 2~3 次阶段测试题，并且要求学生定期完成；在每本教材的最后，附上期末考试题，在学生课程结束的时候，要求学生完成，由任课教师批阅，形成学生的期末成绩。

3. 校本教材的特色

（1）够用性。是指编写的教材内容不宜过多，能够满足中职学生的需求即可。中等职业学校的学生基础比较差，用普通高校的教材深度、广度来编写，对于这些学生学习起来比较困难，因此在编写过程中要难易适中，要坚持够用原则。

（2）实用性。是指教材所编写的内容要满足学生学习过程中的实际需要。在注重教材本身的科学性与系统性的基础上，要考虑实用性。教材内容要对学生现实工作、生活有指导意义，使学生学有所用。

（3）前沿性。是指学术研究被新观念、新理论建构起来的特性。教材内容的选择要对现实具有指导意义，要采用近期的数据或资料，要教授给学生最新的科学知识。

（4）可读性。是指书报杂志或文章内容吸引人的程度；读物所具有的阅读和欣赏的价值。

（二）沈阳市城市建设管理学校校本教材建设五年发展规划

校本教材建设工作是中职教育、教学改革和基本建设的一项基础工作。校本教材是体现教学内容和教学方法的知识载体，是进行教学的基本工具，是衡量一所学校教学研究及办学水平高低的重要标志之一，是进一步深化教学改革、巩固教学改革成果、提高教学质量、造就高素质人才的重要环节。按照学校五年规划的总体设计，为在2014—2018年期间做好校本教材建设工作，特制订本规划。

第一部分　指导思想与基本原则

1. 指导思想

学校教材建设的指导思想是：以邓小平理论、“三个代表”重要思想、科学发展观为指导，全面贯彻党的教育方针和科教兴国战略，认真贯彻《国家中长期教育改革和发展规划纲要（2010—2020年）》的战略部署，紧扣中等职业学校发展建设的历史、文化背景，从把沈阳市城市建设管理学校建设成国家示范校的战略目标出发，将教材建设作为学校申办国家示范校专业建设的重要组成部分，以深化课程体系和教学内容改革、提升专业建设和学科建设水平为着眼点，以培养学生岗位关键能力、全面提高教学质量为重点，总结经验，认真研究教材建设的新思路、新机制和新方法。加强组织领导，实施精品战略，抓好重点规划，加强教材选用管理，加大资金投入，编写一批既能反映现代科学技术先进水平，又符合中等职业学校人才培养目标和培养模式、适用性强、质量较高的校本教材。

2. 基本原则

坚持以改革促发展的原则，使教材改革与教学改革同步，适应素质教育和创新能力、实践能力培养的需要，更好地为实现开放教育人才培养目标服务。

坚持依据学科建设发展规律，循序渐进，突出建设重点，确保教材建设质量的原则，着重抓好新建专业急需的主干课的教材建设，进一步提升教材整体质量。

坚持增品种、重配套的原则，逐步建立以文字、音像等为媒体的立体化教材体系；同一专业的基础课、专业基础课、专业主干课教材要系列配套，同一门课程的基本教材、辅助教材、教学参考书也要系列配套。

坚持编、选、整合并重的原则，做好教材选用及管理工作，选用质量上乘、科学适用的优质教材，同时进一步加强编制符合社区教育、终身教育、学习型社会建设的系列教材读本。

第二部分 目标和任务

1. 加强教材选用及管理工作

继续加强教材选用管理，规范选用程序，大力推广、使用中职规划教材、国家级重点教材、省部级优秀教材。使用率要达到80%以上。

2. 加强文字教材编写工作

2014 年完成自编教材 1~2 部。

2015 年完成自编教材 1~3 部。

2016 年完成自编教材 2~4 部。

计划在 2017 年完成自编教材 2~5 部。

计划在 2018 年完成自编教材 3~5 部。

3. 加强音像教材建设工作

紧密结合教学方法与教学手段的改革，大力推进音像教材建设以适应中等职业教育日益普及的多媒体教学需要，确保在自编教材出版一年内，完成与之相配套的、高质量的音像教材。音像教材应包括三分屏、微课等内容。

第三部分 保证措施

（1）更新思想观念，深化教材改革。以“三个面向”及符合中等职业教育思想和观念为指导，以素质教育为核心，从优化课程体系入手，使知识、能力、素质协调发展，进而拟定课程教学大纲，规范教材建设工作，深化教材改革。

（2）统一思想认识，加强组织领导。全校教职员工在思想上要充分认识教材在教学中的重要地位，加强对教材建设的管理，进一步推动教材建设工作的深入开展。为确保专业教材建设顺利实施，学校成立校本教材读本编审委员会。

编审委员会组成人员如下。

主任委员：赵国军

委员：赵国军、马冬红、李丹、高大鹏、孙博、孙树来、刘慧玲、陈桂玲、曲洋、姜守军、鲁丹、明延迟、李浩、王铁强、孟繁江、贾宝峰、李帅

办公室主任：马冬红

办公室副主任：贾宝峰

教材编审委员会是负责学校建设、使用教材的编审机构。下设办公室

和若干专业学科组。办公室设在教务处，专业学科组是教材编审委员会的初审机构。

教材编审委员会以马列主义、毛泽东思想、邓小平理论为指导，以提高教学质量、加强学科建设为目的，积极推进教学研究活动，充分调动教研人员的积极性，为逐步形成具有较高学术水平，能够体现学科优势的教材体系服务。

教材编审委员会的职责如下。

第一，制定校本教材建设规划和各项管理制度。

第二，审批、确立校本重点教材的选题立项，主编与副主编人选，负责出版校、院确定编写的重点教材。

第三，组织评审、鉴定本校立项编写的教材。

第四，确定专业学科组的人选。

第五，关注学科建设发展，积极向学校提出学科建设、教材建设、课程设置等方面的建议。

（3）建立严格的管理制度，对各级立项教材进行规范化管理。积极组织完成各级各类规划教材及自编教材的编写任务，加强对立项教材的过程管理工作，建立健全管理制度，以保证立项教材按要求完成，不断提高教材建设工作科学化、制度化、规范化水平。教材编审委员会负责组织对校级立项教材的跟踪检查，凡立项后不能完成项目者，两年内不得再申报立项。

（4）建立科学的评估机制，做好教材的评审评估工作。为保证教材的水平和质量，促进精品教材建设，参照教育部对教材的评估要求，制订对教材的评估标准，每年从学校所开课程使用的教材中，抽取10%左右的教材进行评审评估，坚持教材质量跟踪调查与信息反馈制度，定期检查教材情况。

（5）加强教材评价工作，推动优秀教材的选用。要逐步建立健全教材评价制度，大力开展对已出版教材的宣传评价和推荐工作，加强对学校优秀教材的宣传推广工作，扩大影响，积极将学校的优秀教材向外推广。

（6）积极进行教材研究，固化教改成果。教材研究是提高教材编写与选用质量的重要措施，学校应积极组织开展对教材内容及体系的研究，对所用教材评价、选优质量指标与实施办法等方面的研究工作，对研究课题实行立项管理，并给予相应的经费支持。

（7）建立教材工作的计算机管理系统，实现校本教材管理的信息化，为使管理工作更有效率，尽快将校本教材管理纳入学校教务信息管理系统，建立校本教材信息库，实现教材的信息化管理。

（8）建立激励机制，调动编写高质量教材的积极性，构建高水平的教材编写队伍，进一步加大教材建设的资金投入，在规划期间内每年向财政申请校本教材建设的专用款项。

坚持教材评奖制度，积极开展各级优秀教材评选。组织好国家级及省部级优秀教材评选的申报工作。对于获国家级、省部级奖的优秀教材，学校予以大力奖励，将教材建设成果与科研成果同等对待。对于在教材建设工作中作出突出贡献的个人，学校也给予表彰。为促进学校教材建设工作，全面提升教材质量，学校每两年进行一次校级优秀教材评选，并积极将学校的优秀教材向外推荐参加各级优秀教材评选。

进一步落实教材建设工作的相关政策，充分调动高水平教师编写教材的积极性，逐步建立一支高水平的、以老带新的教材编写队伍，不断提高教材编写质量。

二、文字教材资源建设流程

（一）立项申报

（1）填写立项申报表。根据学校教材建设需要，每学期开学后计划周第一周周末，召开学期教材立项申报会议，动员全校教师参与教材建设，并且根据实际需要，讲解教材编写要求。

（2）计划周第三周周末各相关部门上交立项申报表。（见附件 1：沈阳市城市管理学校立项申报表及要求）

（3）计划周第四周周末召开校本系列教材读本编审委员会议，完成审批立项教材工作，并通知各主编单位。

附件 1：沈阳市城市建设管理学校立项申报表及要求

填写要求

一、本表用 A4 纸双面打印填报，本表封面之上不得另加其他封面。

二、请精练填报内容，严格按照字数限制填写；申报单位应严格审核，对所填内容的真实性负责。

三、封面中编号栏请勿填写。

四、封面中教材适用类型填写“专科”或“本科”。

<table>
<tr><td>申报教材名称</td><td></td><td>教材形式</td><td colspan="3">文字+音像教材（三分屏、微课）</td></tr>
<tr><td>适用学科门类*</td><td></td><td>适用专业类</td><td></td><td>适用专业（对象）*</td><td></td></tr>
<tr><td>适用类型</td><td colspan="2">□本科　□专科
□非学历</td><td>适用课程</td><td colspan="2">□公共课　□学科基础课
□专业课　□实践课</td></tr>
<tr><td>课程性质</td><td colspan="5">□统设课　□省开课　□自建专业课程　□其他</td></tr>
<tr><td>拟出版时间</td><td colspan="5"></td></tr>
<tr><td>文字教材编写形式</td><td colspan="5">□传统与知识点结合　□知识点　□问题</td></tr>
<tr><td>估计字数</td><td></td><td colspan="3">立项后拟印刷数</td><td>（册/年）</td></tr>
<tr><td colspan="6">主编基本情况</td></tr>
<tr><td>姓名</td><td></td><td>性别</td><td></td><td>出生年月</td><td></td></tr>
<tr><td>职称</td><td></td><td>职务</td><td></td><td>所在学院</td><td></td></tr>
<tr><td>最后学历</td><td></td><td colspan="2">研究专长</td><td colspan="2"></td></tr>
<tr><td colspan="6">主要教学、科研经历（不超过500个汉字）</td></tr>
<tr><td colspan="6"></td></tr>
<tr><td colspan="6">曾获教学、科研主要奖励情况（不超过五项）</td></tr>
<tr><td colspan="6"></td></tr>
</table>

<table>
<tr><td colspan="6">副主编基本情况</td></tr>
<tr><td>姓名</td><td></td><td>性别</td><td></td><td>出生年月</td><td></td></tr>
<tr><td>职称</td><td></td><td>职务</td><td></td><td>所在学院</td><td></td></tr>
<tr><td>最后学历</td><td></td><td colspan="2">研究专长</td><td colspan="2"></td></tr>
<tr><td colspan="6">主要教学、科研经历（不超过500字）</td></tr>
<tr><td colspan="6"></td></tr>
<tr><td colspan="6">曾获教学、科研主要奖励情况（不超过五项）</td></tr>
<tr><td colspan="6"></td></tr>
</table>

<table>
<tr><td colspan="9">主要参编者简况</td></tr>
<tr><td>姓名</td><td>性别</td><td>出生年月</td><td>职称</td><td>学历</td><td>研究专长</td><td>所在单位</td><td>职务</td><td>所承担的编写任务</td></tr>
<tr><td></td><td></td><td></td><td></td><td></td><td></td><td></td><td></td><td></td></tr>
<tr><td></td><td></td><td></td><td></td><td></td><td></td><td></td><td></td><td></td></tr>
<tr><td></td><td></td><td></td><td></td><td></td><td></td><td></td><td></td><td></td></tr>
<tr><td></td><td></td><td></td><td></td><td></td><td></td><td></td><td></td><td></td></tr>
<tr><td></td><td></td><td></td><td></td><td></td><td></td><td></td><td></td><td></td></tr>
<tr><td></td><td></td><td></td><td></td><td></td><td></td><td></td><td></td><td></td></tr>
</table>

注：＊适用的学科门类、专业类，专业以教育部颁布的专业目录为准

本课程现有教材状况分析
申报立项教材现有的工作基础，与本专业教学改革、课程建设情况（不超过500字）

本教材的改革思路、主要特色与创新（不超过 800 字）
编写出版工作计划及经费预算（不超过 500 字）

学校评价 审核意见	校长签字：　　　　年　　月　　日
专业学科 组意见	组长签字：　　　　年　　月　　日
教材建设 委员会意见	学校公章　　　　主任委员签字： 年　　月　　日

（二）教材编写过程

立项成功后，为了保证教材质量，符合学校教材建设的要求，需要完成以下几项工作。

（1）计划周第六周周末各位主编上交已经经过专家论证的课程教学大纲、课程一体化设计方案。（见附件 2：沈阳市城市建设管理学校教学大纲、一体化设计方案）

（2）计划周第七周周末编审委员会完成编写课程教学大纲、一体化设计方案审批工作，签订教材编写协议后，各主编单位开始教材编写工作。

（3）计划周第十一周完成教材编写中期检查工作，各编写单位汇报教材编写进度情况。

（4）各编写单位按照审批时的编写进程完成文字教材编写任务。

（5）各编写单位文字教材审批合格后，按照一体化设计方案的编写进度完成制作音像教材。

（6）将符合出版社要求的稿件交给出版社。

（7）主编组织制作配套电子教材。

附件2：沈阳市城市建设管理学校教学大纲、一体化设计方案

沈阳市城市建设管理学校教材建设评审档案之一

沈阳市城市建设管理学校

教学大纲
评审档案

教材名称：

学 科 组：

学科组长：

主编教师：

建档日期：

沈阳市城市建设管理学校教务处印制

[填表说明]

（1）此评审档案的第1页分别由教材编写组在大纲研讨前填写。

（2）第2~3页由参加大纲研讨的教材编写组填写。

（3）第4页由学院在召开审定会之前填写。

（4）第5~7页由专业学科组审定专家填写。

（5）第8页由教材编写组填写。

[审查要点]

（1）教学大纲是否符合人才培养目标的要求。

（2）课程名称、学分等内容是否合理、规范。

（3）教学大纲编写的格式及内容是否符合《沈阳市城市建设管理学校教学大纲编写的有关说明》中的要求。

（4）教学内容安排是否必要、合理。

（5）教学要求是否明确、具体。

（6）多种媒体的选用是否恰当，三分屏、微课制作是否符合本课程的教学需要，是否符合沈阳公用事业的教学特点。

（7）教学大纲中有关教学管理的规定（如：课程、实验、实习、阶段性测试、终结性考试等）是否具有可操作性等。

（8）确定较为准确反映本课程内容的关键词。

（9）需要调整的部分及理由。

[审定结论的主要内容]

（1）教学大纲按照专家审定意见修改情况。

（2）修改后的大纲是否可用等。

<table>
<tr><td colspan="4">教学大纲基本情况</td></tr>
<tr><td>大纲状况</td><td colspan="3">新建：　　　　　　其他：（重建　修订）</td></tr>
<tr><td rowspan="3">适用专业</td><td colspan="3">科　　　类　　　专业</td></tr>
<tr><td colspan="3">科　　　类　　　专业</td></tr>
<tr><td colspan="3">科　　　类　　　专业</td></tr>
<tr><td>大纲启用时间</td><td></td><td>教材启用时间</td><td></td></tr>
<tr><td colspan="4">教学大纲初稿起草情况</td></tr>
<tr><td colspan="4">

教材主编（签字）：　　　　年　　月　　日</td></tr>
</table>

（本页由教材编写组填写）（可附另页）

教材编写组研讨教学大纲初稿意见

（本页由编写组填写）（接下页）

<table>
<tr><td colspan="3">教材编写组研讨教学大纲初稿意见</td></tr>
<tr><td colspan="3"></td></tr>
<tr><td>本课程内容的关键词
（不少于 8 个）</td><td colspan="2">（1）　（2）　（3）　（4）
（5）　（6）　（7）　（8）
（9）　（10）</td></tr>
<tr><td rowspan="3">教材编写组</td><td>参加人员</td><td></td></tr>
<tr><td>主持人</td><td></td></tr>
<tr><td colspan="2">年　月　日</td></tr>
</table>

（本页由编写组填写）

教学大纲送审稿学院审查意见
总体评价
修改建议 校长（签字）：　　　　　年　　月　　日

<table>
<tr><td colspan="3">专业学科组专家审定意见</td></tr>
<tr><td colspan="3">对教学大纲的总体评价</td></tr>
<tr><td colspan="3">教学大纲需要调整的内容及理由</td></tr>
<tr><td colspan="3">专业学科组专家审定意见</td></tr>
<tr><td colspan="3"></td></tr>
<tr><td>本课程内容的关键词
（不少于 8 个）</td><td colspan="2">（1） （2） （3） （4）
（5） （6） （7） （8）
（9） （10）</td></tr>
<tr><td>审定结论</td><td colspan="2"></td></tr>
<tr><td rowspan="3">学科组专家签名</td><td>组长</td><td></td></tr>
<tr><td>组员</td><td></td></tr>
<tr><td colspan="2">年 月 日</td></tr>
</table>

（本页由审定专家填写）

<table>
<tr><td colspan="6">审定组专家
（以下由学科专家组组长填写）</td></tr>
<tr><td>姓名</td><td>性别</td><td>职称</td><td>工作单位</td><td>联系电话</td><td>邮编</td></tr>
<tr><td></td><td></td><td></td><td></td><td></td><td></td></tr>
<tr><td></td><td></td><td></td><td></td><td></td><td></td></tr>
<tr><td></td><td></td><td></td><td></td><td></td><td></td></tr>
<tr><td></td><td></td><td></td><td></td><td></td><td></td></tr>
<tr><td></td><td></td><td></td><td></td><td></td><td></td></tr>
<tr><td colspan="6">参加审定会的其他人员
（以下由主编填写）</td></tr>
<tr><td>姓名</td><td>性别</td><td>职称</td><td>工作单位</td><td>联系电话</td><td>邮编</td></tr>
<tr><td></td><td></td><td></td><td></td><td></td><td></td></tr>
<tr><td></td><td></td><td></td><td></td><td></td><td></td></tr>
<tr><td></td><td></td><td></td><td></td><td></td><td></td></tr>
<tr><td></td><td></td><td></td><td></td><td></td><td></td></tr>
<tr><td></td><td></td><td></td><td></td><td></td><td></td></tr>
<tr><td></td><td></td><td></td><td></td><td></td><td></td></tr>
<tr><td></td><td></td><td></td><td></td><td></td><td></td></tr>
<tr><td></td><td></td><td></td><td></td><td></td><td></td></tr>
<tr><td colspan="2">审定方式</td><td colspan="4"></td></tr>
<tr><td colspan="2">会议地点</td><td colspan="4"></td></tr>
<tr><td colspan="2">备注</td><td colspan="4"></td></tr>
</table>

教材编写组对教学大纲的修改意见
        主编签名：　　　　　　　　年　　月　　日

学校意见	校长签字： 年　月　日
专业学科组意见	学科组长签字： 年　月　日
教材编审委员会意见	主任签字： 年　月　日

沈阳市城市建设管理学校教材建设评审档案之二

沈阳市城市建设管理学校

一体化设计方案
评审档案

教材名称：

学 科 组：

学科组长：

主编教师：

建档日期：

沈阳市城市建设管理学校教务处印制

[填表说明]

此评审档案的第1页由主编在召开审定会之前填写，第2~3页由编写组填写，第4页由学院在召开审定会之前填写，第5~6页由专业学科组专家填写，第7页分别由专业学科组长和与会人员填写，第8页由主编填写，第9页由专业学科组在终审后填写、最后报教材编审委员会审批。

[沈阳市城市建设管理学校关于一体化设计方案的若干规定]

1. 一体化设计方案应根据课程教学大纲的要求对教学内容、教学方式、教学环节和各种媒体的适用与配合等提出具体方案，应当包括以下几方面的内容：

（1）总体设计思想；

（2）文字教材编写方案；

（3）音像教材及其他媒体教材编制方案；

（4）教学过程建议与媒体使用说明。

2. 多种媒体教材一体化设计应切实从沈阳市城市建设管理学校现代远程开放性教学的特点及教学对象的学习需要、学习方式和学习环境出发，把握相应层次的教学要求，突出方便学生自学和对学生能力的培养。

3. 处理好各种媒体之间的分工和配合关系，避免各种媒体之间内容的简单重复或缺乏有机配合的现象。

[学院审查要点]

（1）一体化方案的内容是否完整，媒体的选择是否必要、合理，是否具有可操作性。

（2）在总体设计方案中是否讲明本教材中各种教学媒体的选用依据，各种媒体的定位是否恰当，彼此之间配合是否紧密，是否含有各种媒体教材编制方案一览表。

（3）各种媒体的编制方案是否详细、具体、合理、可行。如文字教材编制方案中是否含有各章的编写细目和字数分配；音像教材编制方案中是否含有各部分的主要内容（知识点）、授课方式和制作手段；三分屏、微课编制方案中是否含有各模块的主要内容、功能及相互关系等。

（4）文字教材样章是否含有导学、助学内容，如知识点是否合理、科学，是否有学习目标、重点难点、章节内容小节，是否包含两次阶段性测试题、一次终结性试题等。

（5）音像教材样品是否符合印象教材的编制要求，是否提供了相应的文字脚本和分镜头本。运用各种形象化教学手段是否合理，是否充分体现了该教材的教学特色等。

[专家审定意见的主要内容]

（1）一体化方案是否符合教学大纲的基本要求和现代远程开放性教育的特点；

（2）媒体选择是否必要、恰当，彼此配合是否紧密；

（3）各种教材编制方案是否详细、合理、可行；

（4）教材样品是否符合编制要求，是否充分体现了本课程的教学特点；

（5）对一体化方案（含教材样品）的总体评价与修改意见；

（6）该教材建设团队是否具有承建本课程的能力等。

[审定结论的主要内容]

本一体化方案是可以实施、修改后可以实施，还是需经再次审定可以实施等。

[主审专家终审意见的主要内容]

（1）一体化方案（含教材样品）按专家审定意见修改情况；

（2）修改后的一体化方案是否可以实施等。

[签订教材编写出版协议书]

一体化方案的审定通过后，由校方与主编签订沈阳市城市建设管理学校 2014 年批准立项教材编写出版协议书。

一体化方案（送审稿）基本情况

<table>
<tr><td colspan="3">教材名称</td><td></td><td>课内
学时数</td><td></td><td>学分</td><td></td><td>教材完
成时间</td><td></td></tr>
<tr><td rowspan="9">教学媒体设计方案</td><td colspan="2">媒体种类</td><td>教材名称</td><td>字数
（个数）</td><td>计划完
成时间</td><td colspan="4">出版、制作单位</td></tr>
<tr><td rowspan="2">文字教材</td><td>合一</td><td></td><td></td><td></td><td colspan="4"></td></tr>
<tr><td>分立</td><td></td><td></td><td></td><td colspan="4"></td></tr>
<tr><td rowspan="6">音像教材</td><td>微课</td><td></td><td></td><td></td><td colspan="4"></td></tr>
<tr><td>三分屏</td><td></td><td></td><td></td><td colspan="4"></td></tr>
<tr><td>CAI 课件</td><td></td><td></td><td></td><td colspan="4"></td></tr>
<tr><td>IP 课件</td><td></td><td></td><td></td><td colspan="4"></td></tr>
<tr><td>网络课程</td><td></td><td></td><td></td><td colspan="4"></td></tr>
<tr><td>其他</td><td></td><td></td><td></td><td colspan="4"></td></tr>
<tr><td colspan="3" rowspan="2">教材样品情况
（一章、一个微课、
一个三分屏）</td><td>文字教材
样章</td><td colspan="4">第　　章</td><td colspan="2">字数：</td></tr>
<tr><td>音像教材
样带</td><td colspan="6">三分屏：　　　分钟
微　课：　　　分钟</td></tr>
</table>

（附详细一体化设计方案）

教材编写组研讨一体化设计方案初稿意见

<table>
<tr><td colspan="3">教材编写组研讨一体化设计方案初稿意见（续页）</td></tr>
<tr><td colspan="3"></td></tr>
<tr><td rowspan="3">教材编写组</td><td>参加人员</td><td></td></tr>
<tr><td>主持人</td><td></td></tr>
<tr><td colspan="2">年　　月　　日</td></tr>
</table>

一体化设计方案送审稿学校审查意见
总体评价
修改建议 学校校长（签字）：　　　　　　年　　月　　日

专家对一体化设计方案的审定意见

<table>
<tr><td colspan="3">专家对一体化设计方案的审定意见（续页）</td></tr>
<tr><td colspan="3"></td></tr>
<tr><td>审定结论</td><td colspan="2"></td></tr>
<tr><td rowspan="2">专业学科组
专家签名</td><td>组长</td><td></td></tr>
<tr><td>组员</td><td></td></tr>
</table>

专业学科组专家						
姓名	性别	职称	工作单位	联系电话	E-mail	邮编
参加审定会的其他人员						
姓名	性别	职称	工作单位	联系电话	E-mail	邮编
会议地点						
备注						

教材编写组对一体化设计方案修改情况的说明
主编签名：　　　　　　　年　　月　　日

专业学科组终审意见
专业学科组组长签名：　　　　　　　　年　　月　　日

教材一体化设计方案报批表

<table>
<tr><td rowspan="17">教学媒体</td><td rowspan="10">文字教材</td><td>教材形式</td><td colspan="3">合一式：分立式：</td><td colspan="2">书稿总字数</td><td>万字</td></tr>
<tr><td>启用时间</td><td colspan="3"></td><td colspan="2">计划交稿时间</td><td></td></tr>
<tr><td>出版单位</td><td colspan="3"></td><td colspan="2">发行单位</td><td></td></tr>
<tr><td rowspan="7">主教材</td><td rowspan="2">教材名称</td><td rowspan="2">字数</td><td colspan="4">编写组成员情况</td></tr>
<tr><td>姓名</td><td>分工</td><td>专业技术职务</td><td>工作单位</td></tr>
<tr><td rowspan="5"></td><td rowspan="5"></td><td></td><td>主　编</td><td></td><td></td></tr>
<tr><td></td><td>副主编</td><td></td><td></td></tr>
<tr><td></td><td>参　编</td><td></td><td></td></tr>
<tr><td></td><td></td><td></td><td></td></tr>
<tr><td></td><td></td><td></td><td></td></tr>
<tr><td rowspan="7">音像教材</td><td rowspan="2">种类</td><td rowspan="2">总数</td><td rowspan="2">计划完成时间</td><td colspan="4">设计制作类型及长度</td></tr>
<tr><td>知识点讲授</td><td>案例教学</td><td>阶段测试指导</td><td>期末考试指导</td></tr>
<tr><td>三分屏</td><td></td><td></td><td></td><td></td><td></td><td></td></tr>
<tr><td>微课</td><td></td><td></td><td></td><td></td><td></td><td></td></tr>
<tr><td>CAI 课件</td><td></td><td></td><td></td><td></td><td></td><td></td></tr>
<tr><td>IP 课件</td><td></td><td></td><td></td><td></td><td></td><td></td></tr>
<tr><td>网络课程</td><td></td><td></td><td></td><td></td><td></td><td></td></tr>
</table>

学校意见	学校领导签字：　　　　年　　月　　日
专业学科组意见	专业学科组组长签字：　　　　年　　月　　日
编审委员会审批	主任签字：　　　　年　　月　　日

第五节　数字化教学资源著作权保护

数字化教学资源著作权保护问题在现代教育发展过程中，已经引起人们的广泛关注。为了使教学资源得到合理的使用和发展，下面将在本节介绍数字化教学资源著作权保护的意义、数字化教学资源著作权现状、健全数字化教学资源著作权制度和数字化教学资源著作权保护措施。

一、数字化教学资源著作权保护的意义

随着教育信息化的推行，网络及现代教育技术的普及，基于网络平台的网络教学资源成为教育信息化的主要标志成果之一。但是，据有关调查结果显示，只有12.9%的被调查学校制订了针对教师开发的数字化课程资源的著作权保护政策，只有8.6%的学校设置了专人或部门来负责解决师生在使用数字化资源时所遇到的著作权保护问题。

这些统计数据表明，在网络信息化发展过程中缺乏对教学资源的著作权问题认识，存在重视硬件开发而轻视管理及软件环境建设的现象。因此，基于网络教学系统资源著作权管理及保护的缺失、教师及学生著作权保护意识的不足，成为网络教学资源著作权纠纷产生的主要因素。因此，探讨如何加强网络教学资源的著作权保护以适应网络教学系统的发展及教育信息化的需要就具有现实性和必要性。

二、数字化教学资源著作权现状

由于著作权是自作品完成之时起，自然归属为作者所有。因而如果想让该作品加入到教育资源的体系中，就必须明示地放弃一些使用、复制、翻译该作品的权利，否则使用这些资源的人，就事实上侵犯了作者的著作权，一旦将来作者追究，则会给使用者带来巨大的损失。即便作者并不追究，这种明示的放弃也是必需的，可以避免著作权陷阱带给使用者的忧虑。

（一）教育教学系统建设的共享性与教学资源著作权保护矛盾性协调问题

信息化建设过程中，基于网络开发了一系列信息共享的网络教学系统。该系统首先主要是通过全面整合教学资源库建设、网络教学和网络化管理

等模块，发挥校园网在辅助传统课堂教学的作用；其次，通过为教师建设教学资源库、虚拟书房，提供和构建保护平台，提供服务保障，使每个进入该系统的资源获得有效管理，有利于研究性个性化教学的实现。由于网络教学系统及其资源是一方面希望通过资源库的共享，提供给教师更多教学信息，保证教学的便捷及教学效果的提高；但另一方面，教学资源创造者个人利益又有保障的诉求，这样在系统、资源共享与资源保护间形成了矛盾，如何维护资源所有人的利益与信息资源共享之间的平衡，著作权个人利益与公共利益之间的平衡，这是教育教学系统开发及建设中应考虑的问题。

（二）数字化教学资源著作权存在的问题

对于网络教学系统资源缺乏专门的知识产权管理，未制订系统的激励政策和管理制度，这种管理的缺失带来了教学系统资源的著作权侵害的潜在风险。网络教学系统中的教学资源信息主要源于授课教师自身教学资源的上传。这部分资源中，一部分资源是授课教师经过多年教学实践所总结来的原创性的教案、讲稿、视频、习题等，这部分资源很显然依照现行著作权法的规定，应享有完全的专有权。教学系统内外都不允许被侵犯，教学资源的权利人应该做相应的权利申明确保其权益，同时教学系统管理者及校园网网站管理者也应采取措施防范来自网站内外的侵权。

（三）缺失数字化教学资源著作权侵权制度

教学系统中还有一部分是授课教师结合网络上的现存信息和自身授课实践整合而来的，有一定的原创性，但是运用了未经授权的他人作品。这些合成的教学资源往往信息量含量大，而现行法律规定中并未给以明确的权属规定。现行《信息网络传播保护条例》第六条规定：通过信息网络“为学校课堂教学或者科学研究，向少数教学、科研人员提供少量已经发表的作品”，“可以不经著作权人许可，不向其支付报酬”，若符合上述内容、也属于现行《中华人民共和国著作权法》合理使用的范畴。但现行制度规定并未给出详细的权属界定，也未对“少量”概念做出明确细化，这为实践中界定权属及防范侵权带来了困惑。

三、建全数字化教学资源著作权制度

（一）加强数字化教学资源的著作权管理

明确规定原创性教学资源的合理使用范围，杜绝教学资源未经授权的不法使用的现象发生。曾有数据统计结果显示，当被调查对象以多项选择方式回答出于教学目的免费使用教学资源应确立哪些规则时，选择“少量复制不必经过著作权人许可”选项的占33.53%；选择“禁止进行再次传播”选项的占13.17%；选择“将传播对象限制在讲授/选修课程的师生”选项的占12.28%。这些数据显示，绝大部分师生缺乏对教学资源的著作权保护意识。因此应在教学系统内，针对教师及学生加强著作权管理和保护意识的宣传，使教学资源权利人知悉自身的权益范围，使使用者明确自身使用资源的限度范围，如对“准予复制的范围、复制的比例”做明确界定。

（二）健全数字化教学资源法律制度

1. 建立数字化教学资源著作权

现行法律规定对于教学系统建设中教学资源的属性未做明确规定，且对教学资源合理使用范围界定也缺乏具体性。因此，应当在完善《中华人民共和国著作权法》及《信息网络传播保护条例》中明确教学资源的权利属性及权利归属的具体情形，以及对于教师及教学资源合理使用具体范畴，如：① 对教师上传的独创性资源，即讲稿、教案、视频等内容做明确的知识权利归属界定。② 对非独创性资源的界限做界定，复制及合理使用的量做明确规定，如对现行制度的“少数教学、科研人员提供少量已经发表的作品”中的“少数”“少量”做出具体比例的界定。这样才能保证系统中教学资源的规范运用，从而维护不同主体利益。

2. 健全数字化教学资源权限制度

从教学资源开发及现行著作权保护现状来看，我国现行相关法律制度并未对网络教学资源的保护问题做专门规定，也未对进行网络教学中的教师、学生、管理人员的权利、义务做出明确规定，对此，可借鉴美国《技术、教育和版权协调法案》，进一步完善我国教学资源著作权制度建设。

3. 探索数字化教学资源的共享与个人权益保护之间的平衡机制

教学资源平台的开发是为了加强数字化教学资源数据库的建设及促进和加强教学的发展，为广大师生提供信息共享与交流的平台。但是这种数字化教学资源共享的意愿与教学资源个人权益保护之间却又存在矛盾，因此，必须有效地解决这种矛盾和平衡不同主体之间的利益冲突，深入探索和建立新的协调和平衡机制。以“权利弱化与利益分享”理论为基础，构建利益平衡机制，解决好教学资源共享与个人著作权问题。

四、数字化教学资源著作权保护措施

针对数字化教学资源著作权被侵害的特点，应该采取以下技术手段来进行自我保护。

（一）利用网页技术禁止复制功能

普通用户在复制网页的文本时，往往采用的是全选、复制的功能，所以在网页中插入 JavaScript 代码，禁止鼠标右键和全选、复制等功能是网页防止著作权侵害常见的手段。

（二）将文本、图片等素材转换成不易被修改的格式

网络环境下的文本、图片素材容易复制和修改，一旦发生版权争议，往往对著作权人维护正当权益不利。为了更好地维护著作权，利用软件将文本文件转换成其他格式，并注上版权声明也是比较常见的方式。如利用 Adobe Acrobat 可将 Word 文档转换成 PDF 格式，用软件 Flash Paper 可将其转换成 SWF 格式；或者用截屏软件转换成 JPG 格式打上数字水印等。

（三）数字水印或数字指纹技术

数字水印（Digital Watermarking）是实现版权保护的有效方法，它通过在原始数据中嵌入水印来证实该数字产品的所有权。根据原始数据格式的不同，数字水印可分为图像水印、音频水印、视频水印、文本水印和网络水印。被嵌入的水印可以是一段文字、标识、序列号等。网站中最常见的数字水印技术，就是利用 AspJpeg 等图片上传插件，在所有上传的图片的特定部位打上一个版权标签，成为原始数据不可分离的一部分。它一般用于发生版权纠纷时版权的确认，是一种事后保护措施。

由于该技术比较成熟和有效，所以在大部分的文章发布系统（CMS）中都有所采用，而且许多网站为了保护文本文件的版权，也会将其制作成图片打上数字水印再在网络上发布。

（四）其他手段

教学资源的著作权保护手段还包括使用反复制设备，在它的支持下系统可以阻止用户进行某些限制的行为，其中最富有代表性的就是 SCMS 系统。其他比较常见的就是采用会员制和物理隔离的方法。采用会员制可以让资源只对认证用户开放；物理隔离即将网站放在仅向校园网用户开放的服务器，避免公众网用户的访问。这些手段都能比较有效地防范恶意的侵权。

第六章　中等职业教育平台建设

当今的网络技术已经非常成熟，互联网+的时代已经到来，它正逐步涉足各个行业及领域，通过教学平台，充分发挥优秀教师资源、优秀教学资源的作用，实现资源共享。学生通过网上学习，如何保证学习质量，如何达到预期的学习效果，将是今后教学研究的关键点。本章重点讨论网络平台环境下，如何为中等职业教育网络学习提供更好的学习支持服务，实现网络在线答疑互动，通过多渠道、多手段的网络答疑，提高学习支持服务的能力和水平。

第一节　中等职业教育平台建设目的和意义

建设中等职业教育平台的目的是帮助学生，充分利用网络技术，实现学习目标。通过网络学习，弥补课堂没有解决的问题。让学生随时随地可以进行学习，摆脱传统学习受环境与时间的束缚。

一、中等职业教育平台

中等职业教育平台是利用现有的网络技术与网络资源，提供给学生充足的学习资源，使学生可以根据个人的学习习惯和时间，来安排自己的学习任务，实现学习的目标。

（一）传统意义上的学习支持服务

传统意义上的学习支持服务是在面授学习的全过程中，教师与学生通过面授方式完成教学答疑服务，以教师为主体，答疑内容较单一，主要为课程教学内容。其中包括面授答疑、教学辅导、笔试等环节，以面对面交流的方式为主，随着互联网+时代的来临，我们现今所涉及的学习支持服务平台应为独立运行的网站，应由证书学习平台、继续教育学习平台、学习支持服务平台等子平台构成，平台为有机整体，提供实时、非实时的教学类课程资源，包括视频、音频、文字、CAI 课件、网络课件、虚拟实验等资源，可实现网上注册、网上学习、网上答疑、网上交互、网上考试、网上评价等功能。在学习过程中遇到的问题，可以通过支持服务平台，在线与教师或行业专家实时交流，实现一站式服务，达到更好的学习效果。

（二）平台建设过程中存在的问题

我国的远程教育始于 1994 年实施“中国教育科研网示范工程”，目前已经有了一定的发展。目前我国在互联网从事教育或培训工作的单位大概在 3000 家左右，从这个数据可以看出，网络远程教育在我国已有了一定发展规模。但是我国现阶段的远程教育还不能独立于各院校，通常情况是与地市级教育机构或学校合办。

我国现阶段各类学校的网络平台建设参差不齐，很多平台的设计根本没有考虑客户端受众需求，主要表现在以下几点。

第一，趋向于将所有消息堆积在平台上，没有真正从学生的角度来设置网络平台的功能，致使学生登录个人平台后连最基本的学籍信息都无法获取，平台内容杂乱。

第二，没有充分考虑学生的个性化需求。每名学生的知识获取方式不尽相同，有的学生对文字、数字敏感，有的学生对图形、案例敏感，学生希望能够在平台设置上就可以选择自己容易接纳的学习方式，另外学生在学习过程中，遇到问题无法标记，平台不能记录学习痕迹，不能及时与教师交流等。

第三，学籍设置不够灵活。大多数的平台登录有一定的保护设置，教学信息资源仅供自己学校学生浏览、下载。

第四，教学答疑不够及时，由于学习平台的课程多为多媒体类课件，无法实现实时互动交流，学生在学习过程中遇到问题不知道如何及时找到教师解答，如果采取邮件或论坛等方式，时效性很差，最终可能失去学习兴趣，课程学习没有连贯性。

现代教育要向国际化发展就必须突破资源共享限制，做到相关的知识讲义、课件完全开放，实现真正的教学资源共建、共享。同时，教师的配备和引导不够。首先，师资配备薄弱。各类学校教师大部分还是采用传统授课方式，对现代化教学手段利用情况不好，更有很多教师担任科研主力，教学研究投入精力过少，在教育平台上仅使用讲义、课件、视频等无交互的教辅资源。其次，现有教师仅为学员解答平台使用等问题，学员无法通过平台得到交互式的课业指导，专业知识疑惑得不到解答，这就容易造成大部分学员仅对考前辅导感兴趣，课程辅导环节缺失。最后，对教师的职业引导不明确，教师观念没有转变，比较注重教授面授课的比例，忽视网络课比例，使得各类专业教师对网络教育的重视程度不够。很多教师的授课方式还停留于传统的面授方式，从思想上就不愿意转变教学模式。

因此，基于上述学校、教师、教学过程中出现的问题，需要建立一个功能完善的教学平台。

（三）平台可以解决的问题

针对实际情况，发挥现代教育优势，从根源解决实际问题。平台作为教育的主要手段，将成为今后普及教育发展的重点，支持服务能力决定了中等职业教育的规模与未来发展空间。

中等职业教育中，应以学生为主体，以课程学习为主线，如何使学生达到最好的学习效果为目标，教师起到教学、助学、导学的作用。完善的教学平台能保证学习者得到更好的学习效果，使学习者在学习过程中效率更高、更方便，同时提高学习兴趣，尽早完成学业。

平台建设同时也能进一步促进学校发展，学校发展是以学生为基础，学生数量、毕业生质量，决定了学校今后的发展空间和学校地位。学校需要在各种信息资源深度开发和综合应用方面做大量的工作，提高教师的教学水平和能力，丰富教学资源。通过学习支持服务，为广大学生带来各种方便和全方位的信息服务，扩大学校在地区的影响力。当今的社会环境中，普通面授教育可以完成学历教育的要求，但无法完成继续教育和终身教育的要求，我们经常会遇到学生在本职岗位上需要技能提升的需求，这类需求只能通过继续教育来实现，因此教学平台的发展在很大程度上推动了学校可持续发展。

中等职业教育的平台可以解决以下问题。

（1）建立学习支持服务平台，可以促进教学质量不断提高。现代教育的教育质量标准，较之传统教育，有其特有的内涵。学习支持服务平台的建设，必须洞察现代教育质量的内涵，把握现代教育质量的外延，才能更有利于促进现代教育质量的提高。加强学习支持服务平台建设，有利于建立统一的技术规范，促进教学资源共享和优化整合，提高资源的利用率，从而构成了多种类型的现代教学资源。从教育教学信息资源的功能特性分析，有教育教学动态类信息资源、教育教学理论类信息资源、教育教学经验类信息资源和教学辅助素材类信息资源。从教育教学信息资源的施教方式分析，有数字教案、数字课件、数字图书馆和数字虚拟实验四个方面的资源。

(2) 学习支持服务平台的建设，有利于加强现代教育质量管理，促进质量管理科学化、规范化的进程。随着现代教育的发展，加强教育质量管理科学化、规范化的进程已经提到相对重要的位置。中等职业教育的学习在一定程度上是一种自主的开放型学习，学习者必须针对自己的需要及客观条件与环境，制订出切实可行的学习计划，体现过程性学习的要求。中等职业教育的学习资源较为丰富，学习资源的传播渠道较多，如果对现有学习资源不能科学地管理，就不能充分有效地利用学习资源，导致学习紊乱。因此，必须对学习资源实行规范化的档案管理，使学习者的学习有序地进行。在加强和完善学习支持服务体系建设过程中，除了不断丰富教学资源外，要注重教育质量管理的科学化和规范化建设，使学习支持服务平台发挥更大的作用。

(3) 学习支持服务平台建设，有利于规范和繁荣中等职业教育市场教育产业化，有利于形成统一的品牌，促进统一服务的运营模式。从经济发展规律看，产业化就是市场化，也就是在市场经济条件下，资源通过市场实现优化配置，资本通过生产性和经营性活动增值。为了实现教与学的再度结合，中等职业教育在办学初期需要大量的投入，特别是在教学资源的建设和学习支持服务平台建设上，需要很高的投入。目前，我国各类教育的课程开发及学习支持服务基本是由各办学机构单独完成，既重复建设，又增大资金投入，既浪费资源，又形不成品牌效应。为此，必须从加强学习支持服务平台建设角度，来考虑以产业化的市场运作形式，逐步实现连锁服务的运作模式，形成统一的教学资源平台。

二、中等职业教育平台的特点

作为中等职业教育的学习支持服务平台，一般具有以下特点。

（一）提供学生完整的教学资源

教学资源主要为课程材料教学包，课程的教学资源应具备权威性并且简明易懂，学习支持服务平台可以根据不同学生的需要，通过学习平台，提供在线的学习资源和教学活动在线学习与查询，为学生提供答疑帮助，对学习资源进行专业分类、类型分类，针对不同专业的学生实现在线推送，简化学生在线查找流程。

（二）解答学生学习中遇到的问题

学生在学习过程中遇到的问题需要课程教师给予解答，通过学习支持服务平台、呼叫中心为学生提供咨询、答疑、投诉等服务；通过网上校园、数字图书馆为学生提供远程学习帮助。由于中等职业教育学生的素质差距很大，各学校办学规模也存在较大差异。这些问题在学习支持服务平台上必须考虑，所以平台建设要求必须具有强大的亲和力，使学生在网络学习时感到轻松无压力，登录平台时会有回家的感觉。同时在操作上要尽可能简单，力争做到一键式操作，避免繁杂的操作，不会使学员对网络学习感到畏惧。平时也要开展对班主任的培训工作，由于班主任是最直接接触学生的，必须使班主任感觉到平台的方便与快捷，才能更好地指导学生使用平台。

（三）平台的种类及实现方法

本着“为了学生一切，为了一切学生”的宗旨，给学生提供良好的学习支持服务氛围。学习支持服务平台有两种方式实现，分别是线上学习支持服务和线下学习支持服务。

1. 线上学习支持服务

在学习支持平台主页上动态显示“在线咨询”弹出窗口，如图 6-1 所示，帮助学生随时进行“在线咨询”。

图 6-1　在线咨询

这里的线上学习支持服务是通过互联网实现的，服务基于学习支持服务平台完成，打造出虚拟校园环境，拉近与学生间的距离，宣传学校，为学生自主学习提供全方位服务，包括：发布校内信息公告，各专业网上教学活动安排，考场查询，考试成绩查询，任课教师信息，班主任信息，学期各阶段重要信息的站内提示，班级公告，班级交流，网上实时客服答疑等功能。线上服务可实时也可非实时。实时是通过在线聊天工具实现，可通过 QQ 完成，也可开发专用工具，有统计和 FAQ 功能。线上非实时是通过论坛来实现，发布问题有针对性且可长期保存，解答问题对其他学生的同类问题有借鉴作用。通过日常积累将问题分类，在不同时间段推出不同类型的问题，例如，刚入学的学生对如何网上学习是迷茫的，我们可将积累的相关问题置顶，考试前可将复习资料、考场查询类问题置顶等。针对个别学生问题可实现单独发送，班级同学间也可在线交流，从而形成了一个完整的服务过程，实现了校园虚拟化。在线教师随时随地提供在线 QQ 咨询服务，如图 6-2 所示：

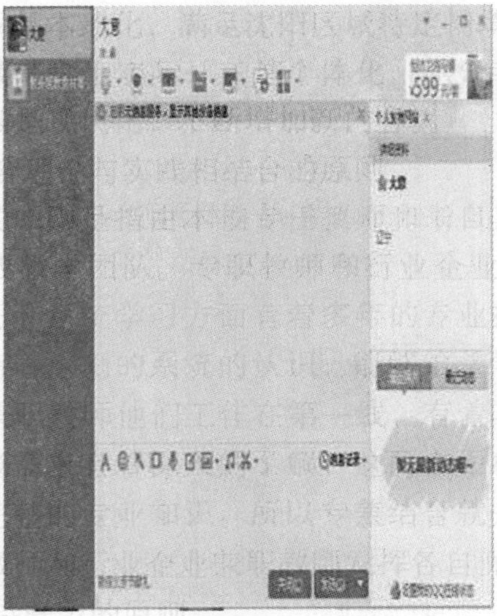

图 6-2　在线咨询帮助

2. 线下学习支持服务

线下学习支持服务是通过集中面授答疑、呼叫中心答疑等方式实现的，是线上支持服务的有力补充，答疑互动为实时完成，由于教师与学生直接接触，答疑互动直观。线下学习时，学生可以通过学生身份登录平台，根据需要选择自己需要的课程，这样就可以避免出现离开教师后、不知道如何安排自己学习任务的情况。学生登录窗口如图 6-3 所示：

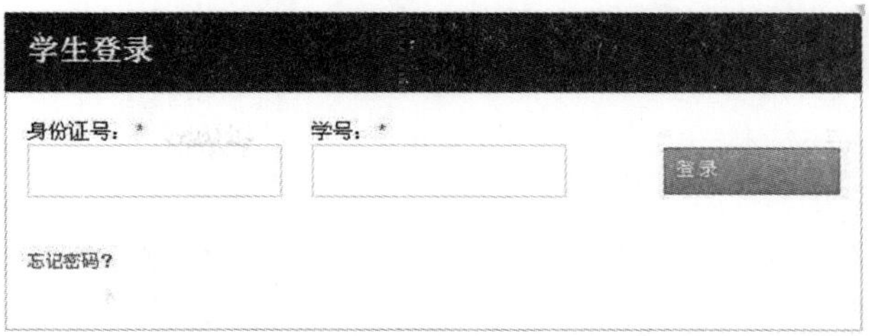

图 6-3　学生登录窗口

线上服务与线下服务相结合，方便了学生也减轻了教师负担，提高了工作效率，使信息沟通顺畅、及时。

三、建设中等职业教育平台的意义

为了满足现阶段学校信息化与数字化校园建设的需求，网络教育平台在各学校中迅速发展。网络教育平台是数字化校园建设的一个重要应用系统，是教育信息化的基石，是教学环境的重要组成部分，是基于互联网实现数字化教学的必要条件。

1. 网络教育平台建设是中等职业教育的发展方向

基于网络技术的教育教学应用是学校信息化建设的核心。随着中等职业教育信息化基础设施建设的推进和完善，开展基于网络的教学应用成为当前数字化校园建设的首要内容。加快网络教育资源开发和共享平台建设，利用互联网技术实现课程、教学资源数字化，已成为当前中等职业教育提高教学质量的重大需求。

构建网络教育平台，可以提高学生对学习的主动性和自主能力，打破对时间和地点的限制，使学习的环境更加自由化。通过对学生的访问信息和学习结果，还可以从中发现学生的学习兴趣、习惯、不足等，有助于教师实现更加人性化的教学，从而做到创新的学习模式。

通过网络平台的学习，也可以改变学生的不良上网习惯。辅助和促进计算机课程的学习，增强教学过程的交互性和实时性，提供师生教学的新方式，一个“多对多”的环境，更容易发挥教师团队的重要作用。

网络教育平台的使用，也会带来校园网络资源的有效利用，进而实现教学过程的数字化建设，对教育观念、教学方法、教学环境等都有深远意义。

2. 网络教育平台在学校的应用

在中等职业教育以课堂教育为主的教学环境下，网络教学作为一种现代化的教学手段应用到中等职业教育的教育教学中，成为了课堂教学的一种辅助的教学手段。学校的网络教育平台将重点向两个主要方向发展，一是精品课程资源网站，二是网络课程平台。

精品课程资源网站可以通过互联网进行访问浏览，包括校内已建成的精品课程和国内优秀精品课程两类。对精品课程进行总体罗列，并对每一门精品课程制作了相关专题网站，网站中对课程、参考文献、教学大纲、师资队伍、相关习题教学录像等做详细的介绍，使得学生可以更加透彻地了解课程的相关知识，学习课程的对应内容，温习课程的视频资料，对学生的学习将有很大的帮助，也可以使学生提高学习的主动性和自主性。

教师和学生通过个人的账号和密码进入网络课程平台。教师可以通过平台上传各种制作好的视频媒体和精美课件，能及时对平台动态更新，对服务器的资源进行维护等。学生登录平台主要进行网上学习，对已学课程和未学课程的精品录像进行查阅观看，在观看中可以进行重点标注、记录笔记，视频还可以保存上次观看的进度，方便学生下次查阅。平台还有专门的论坛功能，实现了网络的交互性，可以进行课后练习、教师答疑，极大程度上实现了网络教育平台的功能。

构建网络教育平台的目的是为了实现数字化校园，为教育信息化作出应有的贡献，但是这需要不断的努力和不断的探索。目前适合网络辅助教学的课件较少，特别是适合网络辅助教学的自主型课件偏少，这就需要与一些精品课程相联系。各个中等职业学校都在大力发展自己的精品课程，也建立了相关的精品课程的专题网站。把这些精品课程的视频加入到网络教育平台当中，不但增加了课程品质，而且对学生的学习也有很大的帮助，进行专门的制作使视频与课件同步，让学生有身临其境的感觉，也节省了教学资源。

培养一个适合网络教学的师资队伍也是一个势在必行的任务，网络辅助教学不是技术越先进越好，而是教学内容、学生需求、教师能力与之相匹配，才能发挥重要的作用。网络辅助教学成败在于能否培养出一批具有理解和适应网络文化、并进行创新和发展的优秀教师。

教育的主要目的是全面促成受教育者素质的全面提高，因而“教”和“学”是一体的，学生是整个教学活动的主体，只有在这种主体化的多边互动机制确定后，各种关系之间的对话才能构成更加丰富的实践空间，所以创建多边互动教学机制意义重大。

现阶段网络资源飞速发展，各个中等职业学校为了满足学生的学习对网络不断升级，网络传输已经不是制约网络教育平台的关键。而网络稳定和安全提到了重要位置，都会对网络的辅助教学有很大的影响，网络教学与正常教学一样，都需要有一个良好的环境来实现课程的“教”与“学”。好的环境可以提升学生的认同度和教师的教学效果。

网络教学的特点是能够用声音、文字、图形、图像立体地表现信息，人体获取的各种信息中有83%的信息是通过视觉获得，网络教学就是以静止和运动的视觉信息为主，加上有声语言和文字说明，图、像、文、声并茂，容易吸引学生的注意力。传统教学传递信息的速度是远远跟不上目前形式的发展的，因此必须高效率地传递大量信息，这也正是传统教学领域的一大难题。所以如何让网络教学更加立体化，更加新颖，是我们需要关心和努力的方向。

通过基于校园的网络辅助教学，我们享受到了它的优势，也深深感到了目前的应用水平和理论研究的粗浅，要想真正地使网络辅助教学达到情景式教学，能够合作式学习、研究性学习，能够有针对性地为学生提供个性化的辅导和教育，还有很多需要解决的问题，这需要每一名教师付出努力，需要学校、社会的支持。

第二节　沈阳市城市建设管理学校中心网站主要栏目和平台安全

一、沈阳市城市建设管理学校学生学习支持服务中心网站主要栏目

沈阳市城市建设管理学校学生学习支持服务中心网站主要栏目包括校园博客、我的校园、我的班级、学生风采、团学活动、服务接待、人生导航、规章制度、学生留言和秀空间。

（一）校园博客

校园博客包括校园视频、校园文字和校园图片。

（二）我的校园

我的校园包括重大信息、通知安排、校园文化和学生活动。

（三）我的班级

我的班级主要包括以下方面。

1. 学习小组交流

由教师和学生组成的针对于本专业学习中的问题与方法沟通交流的小组。学生在此小组中即时与教师和同学共同讨论课程，由小组组长整理好内容发表到此版块中的宣传栏中。

2. 学习进程

学习进程包括如下。学习科目：学生毕业前本专业应该完成学习的所有课程；各科课程的介绍；已完成科目：学生已经完成的学习课程；待完成科目：学生还未完成的学习课程。

3. 学习状态

学习状态包括：学习计划；本学期课程；上课时间安排；每学期专业成绩；学习期间，每个学年的考试成绩。

4. 考试科目

考试科目是指学习期间，每个学年的考试科目。

5. 已考科目

已考科目是指学习期间，已经考过的科目。

6. 未考科目

未考科目是指学习期间，还未考试的科目。

7. 未通过科目

未通过科目是指学习期间，考试未通过的科目。

8. 交费情况

交费情况是指在校学习期间，3 年的学费交费情况：包括交费项目、交费时间、交费金额和交费结果。

9. 班级成员交流

班级成员交流包括：各个班级的全部成员；按照专业划分班级、班级全体成员；个人名片信息。个人简介有姓名、照片、联系电话、其他联络方式（QQ、微信、微博等）、所在单位，方便成员即时交流。在此版块中实现班级成员的交流，无需登录其他客户端。

10. 我的班主任

我的班主任包括：公告信息发布；班级活动、班委会成员公布、学习方法、学习小组人员、教师信息转达等。与学生即时交流。

11. 我的任课教师

我的任课教师包括：发布学习相关信息；上传所授课程的课件、整理所授课程的重点难点、发布所授课程的期末复习题等。与学生即时交流。

12. 班委会服务

班委会服务包括：班委会成员；每个班级的班委会成员名片包括姓名、职位、联系电话、所在单位；班级活动宣传，协助班主任、组织班级成员做好活动。与学生即时交流。

（四）学生风采

评奖评优包括三方面。学生奖学金：公布每学年奖学金获得者名单、优秀事迹、宣传图片。优秀学生：公布每学年优秀学生获得者名单、优秀事迹、宣传图片。优秀毕业生：公布每学年优秀毕业生获得者名单、优秀事迹、宣传图片。

典型选树包括：经评定审核选出学生中优秀的典型，为学生起到标榜作用；对选树典型学生优秀事迹进行宣传。（图片、文字、视频）

经验推广包括：审核后学生学习中好的经验；审核后学生学习中整理好的资料；审核后学生工作中好的经验。

（五）团学活动

团学组织：组织安排校园活动流程；发布校园活动的公告；开展校园活动后期宣传；社会实践：社会实践人员安排、活动流程；社会实践活动公告；社会实践活动后期宣传。

（六）服务接待

服务接待包括：1. 在线答疑：聊天对话框形式；专人值守即时解答学生问题疑惑；稳定学生情绪；2. 心理咨询：聊天对话框形式；专业教师即时与学生沟通疏导；3. 常见问题：一问一答形式；公布出学生经常咨询的问题；4. 服务转接：对于涉及各个部门的问题，提供转接服务；无人接听、暂时解答不了，将咨询事宜记录，按部门职责转发并及时反馈给学生。

（七）人生导航

形式政策包括：发布目前国家对于学生的形式政策；相关形式政策的学习资料（文字文件、视频资料、图片信息）。

三观教育包括：正确的三观教育信息；正确的三观引导。

就业指南包括：发布当前就业形式与前景信息；指导学生就业事宜；发布合理的就业招聘信息。

心理健康包括：健康的心理宣传信息；推荐有助心理成长完善的健康书籍；发布心理健康的励志故事。

特困帮扶包括：特困帮扶的相关政策介绍；特困帮扶申请流程；特困帮扶事迹宣传。

（八）规章制度

规章制度包括：学习手册；入学流程；学习流程；考试流程；补考流程；毕业流程。

相关规定包括：学籍管理规定；违纪违规管理规定；评奖评优规定。

管理办法是指各项规定相配套的管理办法。

实施细则是指各项相关规定配套管理办法的实施细则。

（九）学生留言

留言信箱包括：书面形式，发送邮件到指定人员；一对一收发，不是全部公开。

信件回复包括：及时回复信箱留言；对于建设性的建议、常见问题等公开发表。

（十）秀空间

秀空间包括：学生平台；学生上传视频、音频等才艺展示内容；上传个人工作、生活方面的成果展示。学生的信息材料都要经过严格的审核评定才发布到网上。

二、学习支持服务平台的安全

学习支持服务平台，主要面向对象是学生，但同时也要面对网络上可能出现的各种情况，所以平台的安全问题，也是平台建设中应该主要考虑的内容。

（一）网络安全方面

网络安全的防护主要包括防火墙与入侵检测。

1. 防火墙

防火墙主要为互联网出口、广域网出口安全控制：在学校互联网出口，以及与广域网连接处部署防火墙，设计两台防火墙与核心交换机及出口路由器之间采取全冗余连接，保证系统的可靠性，同时设置两台防火墙为双机热备方式，在实现安全控制的同时保证线路的可靠性。

同时，外部网（Extranet）跟局域网（Intranet）各业务系统安全隔离，局域网内部各业务系统彼此之间安全隔离：同样采取线路全冗余和设备双机热备方式，以保证数据中心的高可靠性。

2. 入侵检测

设计安全区域部署入侵防御系统以实现对本区域的深度检测及防御，从而杜绝病毒、协议型攻击。在互联网出口、广域网出口部署IPS，对内外网交互的数据进行深度防御。在局域网安全区域边界部署IPS，对局域网各个业务系统进行安全隔离的同时，确保业务系统不受其他安全区域的应用层威胁影响；在外部网安全区域边界部署IPS，避免来自外部网络可能存在的威胁扩散。

（二）存储安全方面

随着学习支持服务平台数据中心建设的不断深入，数字资源的容量也不断增加。数字资源主要包括结构化数据和非结构化数据两大类。

结构化数据主要是各应用系统本身的各种管理数据、用户账号、资源属性等；还有图书馆所购买的资源库的索引目录数据库和部分图书馆管理系统的业务数据库。

非结构化数据包括所有的多媒体资源、商业资源库的数字化图书资源和自建资源中的课件等。

因此，需要使用大容量的硬盘来进行数据的统一存储与管理。为了满足将来容量扩展的需求，存储系统应能支持多种类型的硬盘来进行数据的存储，同时，原有系统的数据，要实现无缝对接与转换。

（三）运行维护安全方面

运行维护安全主要包括流量控制、网络运维管理及数字KVM的建设。

1. 流量控制

平台数据中心流量控制与监控设备，要求采用多核多线程CPU分布式架构设计，保证多业务可并行运行。为了实现智能IT的管理，不仅需要对整网网络设备实现统一管理，实现网络的拓扑、性能、故障、配置全方位的管理，还要能够实现对存储系统和网络系统的统一管理。

2. 网络运维管理

网络安全从本质上讲是管理问题。保证用户终端的安全、阻止威胁入侵网络，对用户的网络访问行为进行有效地控制，配合网络交换机对非正常用户进行网络接入和安全控制，是保证网络安全运行的前提。

应用智能平台系统，能够实现网络资源、用户和业务的融合管理，提供基本的网络资源管理、拓扑管理、故障（告警/事件）管理、性能管理、设备及设备配置统一管理、用户管理及系统安全管理，基于B/S架构，采取组件化方式构建网络管理系统，系统可以根据用户的实际需要，扩展其他所需要的业务管理组件，不需要更换基本平台，能满足多种管理功能的需要。

网管系统必须提供对服务器的管理功能，提供对常见数据库服务器的监控管理。

3. 数字KVM的建设

现代化的网络管理中KVM是不可缺少的组件，可以完成远程操作数据中心的所有设备，大大地减少系统停用时间，极大地提高了人的工作效率和机房空间利用率，消除了进出机房及使用远程控管软件造成的安全隐患，较好地满足了信息处理的需要。

第三节　技术团队建设与平台展望

专业的系统开发，需要专业的技术团队，所以在平台建设之前，完善的、有能力的团队建设就显得十分重要。

一、技术团队建设

技术团队主要包括策划团队、开发团队、运维团队和支持服务团队。

（一）策划团队

策划团队以学校教务处为主，学生处、计算机中心为辅助，并邀请部分有经验的班主任、学籍管理人员、教学管理人员参与，力争打造一个对系统十分熟悉的团队。

（二）开发团队

开发团队以校网络信息处、计算机中心技术人员为建设班底，组建学习支持服务平台技术研发团队和资源开发团队。负责网站策划、设计开发，学习卡设计及实施方案，学习资源的建设工作。

（三）运维团队

运维团队依托网络中心技术人员，负责网络维护、硬件设施维护、网站维护升级、资源更新、日常技术支持（含对学习点的技术支持）。

（四）支持服务团队

支持服务团队依托计算机中心及校内教师和教辅人员，实施日常管理、活动组织等工作；进行工作人员、技术人员培训。

二、平台展望

学习支持服务平台系统的建设是一个大型、系统化的任务，是一个长期不断完善的过程，在客观上要求平台建设中做到学校统一领导、统一规划、统一技术标准、分步实施。认真研究客观条件和信息化建设规律，谨慎拟定建设阶段和实施步骤。构建概念验证运行阶段、局域环境运行阶段、跨地域环境运行阶段等三个阶段。概念验证运行阶段重点关注基础设置资源的整合，以及前后端虚拟化的集成，为局域运行阶段提供基础设施层验证和支撑。局域运行环境阶段基于概念验证阶段的成果，进行平台关键的特性实现，重点关注整合后的资源的弹性供给和调度、业务负载均衡等核心功能。跨地域环境运行阶段主要是面向未来提供各县区多个数据中心的统一管理和资源调度，建设满足最高性能要求、合理调度分配使用资源、资源统一监控管理的大型分布式平台。学习支持服务平台建设，将是一个长期且复杂的任务，笔者将继续秉承为学生服务的宗旨，分步实施、循序渐进，为打造“数字校园”贡献力量。

第七章 中等职业教育教学团队建设研究

教师队伍是保证教学质量的前提条件。而每名教师的能力是有限的，他们要组成团队，解决面临的各种问题。一个优秀的教学团队，一般具有明确、坚定的目标，相关的专业技术和能力，良好的沟通和合作，高效运作效率等鲜明特征。本章主要介绍中等职业教育教学团队建设的原则与作用，中等职业教育教学团队的分类与职责，中等职业教育教学团队的建设模式和中等职业教育教学团队的建设与管理。

第一节 中等职业教育教学团队建设的原则与作用

团队的出现反映了集体的力量，是社会化大生产的具体体现，它具体体现了分工与协作的关系。教学团队的建设应该遵循建设的原则，在坚持建设原则的基础上，才能发挥教学团队的作用。

一、团队与教学团队

（一）团队的含义

团队的出现，最初是为了发挥集体的力量，攻克科学研发项目的难题，后来扩大到各行各业。团队的概念最初诞生于企业管理中，一般是指由少数有互补技能、愿意为了共同目的、业绩目标而相互承担责任的人们组成的群体。由于人们所处的环境不同，对于团队的理解也不尽相同。下面就团队的普遍解释做一介绍。

第一种：团队是由员工和管理层组成的一个共同体，该共同体合理利用每一个成员的知识和技能协同工作，解决问题，达到共同的目标。

第二种：团队是指一些才能互补、团结和谐并为负有共同责任的统一目标和标准而奉献的一群人。

第三种：团队是由某些固定的人群组成的共容体，有共同的目标，一定的组织措施，发挥每一个成员的聪明才智，共同完成所制订的工作目标。

第四种：团队是拥有共同目标，相互信任、相互协作，将自己的任务圆满完成并同时能够互相协调的一群人所组成的整体。

从以上的认识可以看到，虽然表述各有差别，但都具有一些相同点。这些相同点包括：明确的目标、聚集的群体、统一的计划、游戏规则、分工合作。

笔者认为团队就是具有清晰的共同目标，并愿为共同目标而竭尽所能不计较个人私利，相互支持、相互依赖，为了特定目标而按照一定规则结合在一起的组织。

（二）团队的构成要素

从团队的定义来看，团队的组成一般包含五个要素。它们是目标（purpose）、人（people）、定位（place）、权限（power）和计划（plan）。概括为5P。

（1）目标（purpose）。目标是团队存在的前提，没有目标这个团队就没有存在的价值。目标为团队和团队成员导航，明确团队的前进方向。

（2）人（people）。人是构成团队最核心的部分，目标只有通过人员才能具体实现。所以人员的选择是团队中非常重要的一项工作，在人员选择时，要考虑人员的能力、技能是否互补，人员的经验等。

（3）定位（place）。团队的定位包含团队的群体定位和团队的个体定位。团队的群体定位是指团队在组织中处于什么位置，团队最终应对谁负责；团队的个体定位是指作为团队成员在团队中扮演的具体角色。

（4）权限（power）。权限是指组织对于团队的授权范围，整个团队在组织中拥有什么样的决定权。一般来说，在团队发展的初期阶段领导权相对比较集中，团队越成熟领导权相应越小。

（5）计划（plan）。计划是指为了完成既定目标，事先对未来行为所作的安排。目标的实现，需要一系列具体的行动方案，可以把计划理解成目标的具体工作的程序。只有按照计划进行工作，团队才会一步一步地贴近目标，从而最终实现目标。

（三）团队的分类

团队的分类是为了加强对团队的管理。团队根据不同要求，可以有多种分类方法。

第一，按行业进行分类。可以分为建筑团队、医疗团队、IT 团队、教学团队等。

第二，按照角色分类。可以分为管理类、开发类、科研类等。

第三，按照团队存在的目的和拥有自主权的大小分类。可以将团队分为问题解决型团队、自我管理型团队、多功能型团队、虚拟型团队。

第四，按照组织的构成分类。可以分为人事管理团队、销售团队、财务管理团队等。

第五，按照级别分类。可以分为初级团队、中级团队和高级团队。

（四）团队的特点

一个高效出色的团队一般具有如下特点。

（1）共同目标。这一共同的目标是一种意境。团队成员应花费充分的时间、精力来讨论、制订如何完成共同的目标，并在这一过程中使每个团队成员都能够深刻地理解团队的目标。以后不论遇到任何困难，这一共同目标都会为团队成员指明行动的方向。

（2）具体目标。将团队共同的目标分解为具体的、可以量化的行动目标。这一行动目标既能使个人不断开拓自己，又能促进整个团队的发展。具体的目标使得彼此间的沟通更畅通，并能督促团队始终为实现最终目标而努力。

（3）承担责任。是指团队成员的责任心和使命感。每名团队成员都应对团队的绩效负责，为团队的共同目标、具体目标和团队行为勇于承担各自的责任。

（4）关系融洽。是指团队成员之间应该互相支持，善于沟通，彼此之间坦诚相待，相互信任，并勇于开展批评与自我批评。

（5）齐心协力。齐心协力是指团队成员应为实现团队目标而共同努力，心往一处想，劲往一处使。能为实现共同的目标在工作中相互协调配合。

（6）规模适宜。团队的规模不宜过大，应短小精悍。其规模一般要与团队的目标任务相匹配。

（7）技能互补。出色的团队是多种技能人才的集合。一般包括技术专家型人员；拥有善于解决问题和果断决策的人员；拥有善于人际交往的人员等。可以说，各项技能人才的完美组合是团队成功的关键。

（8）行动统一。是指团队活动的一致性。团队活动强调统一指挥、统一行动，避免出现多头领导。

（9）反应迅速。团队应该着眼于未来，要适应环境的变化，把握机遇，相机而动。

（五）教学团队的含义

随着团队理论逐渐走向成熟，这一概念也被引入教育领域。“同伴互助”概念在20世纪80年代被提出，它提倡教师共同工作，形成伙伴关系，通过共同研习、示范教学，以及系统的教学练习与回馈等方式，彼此学习和改进教学策略，提升教学质量。20世纪90年代我国将此概念引入教育领域并开始了教育团体的实践。

2006年徐达奇提出教学团队的概念。他将教学团队表述为：以教学工作为主线，以先进的教育思想理念为指导，以专业建设、课程建设、教学基地等建设为重点，立足于人才培养质量的提高，开展教学研究和教学建设的核心队伍。

2007年马延奇提出：教学团队是以提高教学质量和效果、推进教学改革为主要任务，由为共同的教学改草目标而相互承担责任的教师组成。

2008年又有人提出教学团队是为完成共同教学目标、建设目标，由教学任务相近的教师组成，由教学水平高、教学造诣深的教授领衔与负责，有合理的知识结构与年龄结构，有效的沟通与合作机制，有合理配置教学资源的途径，经常性地开展教学内容与教学改革的研究，经常性地开展教学经验交流，经常性地开展学术合作，实现优势互补，实现共同发展，实现携手前进的教师群体。

为了提高人才培养质量，教育部启动了“教学团队与高水平教师队伍建设”项目，要求“重点遴选和建设一批教学质量高、结构合理的教学团队，建立有效的团队合作机制，促进教学研讨和教学经验交流，开发教学资源，推进教学工作的老中青相结合，发扬传帮带作用，加强青年教师的培养”。从团队的概念和教学团队的要求来看，所谓教学团队，就是指以学生为服务对象，以一些技能互补而又相互协作、沟通的教师为主体，以教学内容和教学方法的改革为主要途径，以系列课程和专业建设为平台，以提高教师教学水平、提高教育质量为目标而组成的一种创新型的教学基本组织形式。

作为中等职业教育，它所建设的教学团队是基于一般团队的基础上的，服务于中等职业教育的学习者的需求，是联合相关企业行业的优秀专业人才，以教师为主体，根据社会经济发展需要，建设服务社会的有特色的学科专业，不断创新教学内容与教学方法，以提高教学水平和教学质量为目的的一种创新型教学基本组织形式。

二、教学团队建设的内容

中等职业教育教学团队建设的目的是通过建立团队合作的机制，改革教学内容和方法，开发教学资源，促进教学研讨和教学经验交流，推进教学工作的传、帮、带和老中青相结合，提高教师的教学水平。教学团队建设主要包括以下几个方面内容。

（一）团队凝聚力的建设

所谓团队凝聚力，就是一个团队为了一个共同目标，紧紧团结在一起，团队成员之间相互吸引并愿意留在群体中的力度。组建教学团队的共同目标是为了中等职业教育学科建设，开发适应新的教学模式的教学资源。团队带头人是团队凝聚力的关键。带头人的个人能力和独特的魅力是吸引团队成员走在一起完成共同目标的条件。成员之间只有形成团队意识，找到归属感，才能彼此合作、相互支持、相互关心，才能达成心灵的相通，才能形成凝聚力，团队凝聚力会使团队成员充分发挥积极性和创造性。

（二）团队合作能力的建设

所谓团队合作能力，是指建立在团队的基础之上，发挥团队精神，互补互助以达到团队最大工作效率的能力。例如，教学团队的成员面对整个教学环节时，他们工作的内容包含了学习者从学前准备到学中指导和学后服务的各个环节，这不仅要求团队成员有个人能力，更需要有在不同的位置上各尽所能、与其他成员协调合作的能力。只有学会与他人合作，才可以使团队收到事半功倍的效果，可以使我们的教学和支持服务工作更加良好地向前发展。

（三）团队士气的建设

所谓士气，就是指工作积极性、主动性、协作精神等结合成一体的精神状态。工作效率的提高，关键在于团队成员的工作态度，即工作士气的提高。而士气的高低主要取决于团队成员的满足度。这种满足度表现在人际关系，如是否被上司、同事和社会认可等，其次是物质奖励。团队成员的满足度越高，士气也越高，工作效率也越高。

（四）自身能力的提升建设

自身能力的提升包含教师个体能力的提升和教学团队整体能力的提升两个方面。教师作为支撑教学团队的基础，教师自身能力的提升对教学团队的发展显得格外重要。如何提高教师的自身能力，除了教师自身努力以外，团队也要根据这些教师的特点进行有目的性的培养，为成员提供学习、培训和交流的机会，为他们提供能力展示的平台。随着教师个人水平的提升，教学团队的整体能力也会随之提高。团队本身也要进行自我提升，可以通过科研和创新达到团队提升的目的。

（五）团队结构优化建设

教学团队建立初期，应该考虑在知识、技能、年龄、学历、职称和个性特点上进行结构优化。特别要注重在知识和技能上的合理搭配。要充分考虑专业知识的技能，解决问题和决策的技能，以及处理人际关系的技能等方面能形成互补。吸引行业企业的高技能人才，组建成稳定的专兼结合的教学团队，这不仅能有效地改善现有教师队伍实践技能不足的现状，同时能实现信息和资源共享，达到共同发展。

三、建设教学团队的原则

加强中等职业教育教学团队建设工作，对于强化质量意识，深化教学改革，促进专业建设和课程建设，提高教学质量，具有十分重要的作用。在建设优秀教学团队中，要坚持以下几项原则。

1. 教学与科研相结合的原则

教学与科研相结合的原则是指优秀教学团队不仅要提高传播知识的教学能力，而且还要拥有知识创新、科技创新与建立创新体系的科研能力。要成为既是教学团队又是创新团队，成为科研反哺教学的示范与典型。教学与科研相结合的过程，实质上是继承已知和探索未知的过程，两者相辅相成、缺一不可。

2. 要与中等职业教育建设相结合的原则

中等职业教育是适应新时期的产物，强调“时时、处处、人人”的教育理念，对学习者来说要实现基础知识和基本技能的双提高。教学团队本着为学生服务的理念，应该把教学团队建设与中等职业教育的学科建设、专业建设结合起来，使教学团队建设更有方向性、针对性，开发适应中等职业教育的教学资源，更好地为学生提供支持服务。

3. 突出创新能力培养的原则

不断创新的精神是工作永葆青春与活力的源泉，改革创新是教育事业发展的强大动力。在新的历史起点上，面对新的时代环境和发展形势，教学团队建设必须跟上时代的步伐，在专业和课程建设上不断创新，在人才培养模式上不断创新，在科研上不断创新，在教学服务上不断创新，只有不断创新才能更好地发展。

4. 注重资源整合的原则

资源整合最大的意义就在于可以提高工作效率，降低成本，在结构上可以借鉴国外的成熟的中等职业教育教学机制，制订出合理而有效的工作机构和运行方式。在建设教学团队过程中，教学资源整合的有效性十分重要，一般要满足：一是本地化，满足沈阳区域特定情境需要；二是个性化，紧密联系中等职业教育学生实际；三是个体化，充分考虑中等职业教育学习者的个体需要；四是现代化，不断增加新内容。

5. 专兼职相结合理论与实践相结合的原则

专兼职相结合的原则是指由本校专任教师和来自其他学校、行业企业兼职教师相结合组成教学团队。专职教师和行业企业兼职教师各有所长，专职教师在理论学习和系统学习方面有着多年的专业授课经验，对科学理论知识和专业原理有着深刻的系统的认识，能够给予学生良好的基础知识教育。而行业企业兼职教师他们工作在第一线，有着丰富的经验，对专业目前最新动态和市场需求有着深入的了解，这两方面相结合才能够使教育全面，让学生学习完整的专业知识。所以专兼结合就是要根据专业人才培养需要，学校专任教师和行业企业兼职教师发挥各自优势，分工协作。

6. 外部组成支持联盟的原则

中等职业教育建设必须依托各种社会力量的支持和参与，不断提升办学能力和水平。教学团队一般由国内著名学者、专家，本校的学科、专业带头人及行业、企业知名专家组成。利用社会各种资源和优势，大力促进各类培训、社区教育、素质教育等工作，加快学习型城市建设步伐。

7. 成员结构合理的原则

成员结构合理就是要建造团队结构的梯次性，系指在队伍的年龄结构、职称结构、专业结构等方面相对优化。年龄结构合理，老中青相结合，既有丰富的教学管理经验，又富有创新精神和团队精神。职称结构合理，形成了梯次分明、衔接合理的专业职称结构，要有学术一流、知识丰富的学科带头人，在日常教学科研中可以起到良好的示范带头作用。专业结构合理，有利于创新思维、学术争鸣、团队合作。

8. 带头人责任制的原则

带头人有责任管理好和组织好各自团队的人员，统筹支配各种资源，制订工作计划，能够使各个团队形成合力，带领整个团队向着共同目标前进。带头人要准确把握专业建设与教学改革方向，保持专业课程建设的领先水平；带头人责任制能有效地结合校企实际、针对专业发展方向，制订切实可行的团队建设规划和教师职业生涯规划，实现团队的可持续发展。

9. 团队水平整体提升的原则

教学团队的建设中，要提升整个教学团队的水平，只有各个团队都加强学习和改进，使教学团队的教学、工作、服务等各方面水平齐头并进，才能建设现代化高水平的中等职业学校。要做到团队水平整体提升，可以积极开展对外教学交流合作，认真学习、借鉴国内外的先进经验，同时不断检查自身存在的问题，及时改进，积极进取，完善自己，有效持续地发展。

四、优秀教学团队的作用

教学团队的建设水平直接影响到教学质量、科研水平和社会服务能力，最终影响学校的建设和发展，因此要充分发挥教学团队的作用。中等职业教育教学团队的作用主要表现在以下几个方面。

（一）有利于人才培养目标的实现

中等职业学校人才培养目标是与我国社会主义现代化建设要求相适应，德、智、体、美全面发展，具有综合职业能力，在生产、服务一线工作的高素质劳动者和技能型人才。他们应当热爱社会主义祖国，能够将实现自身价值与服务祖国人民结合起来；具有基本的科学文化素养、继续学习的能力和创新精神；具有良好的职业道德，掌握必要的文化基础知识、专业知识和比较熟练的职业技能，具有较强的就业能力和一定的创业能力；具有健康的身体和心理；具有基本的欣赏美和创造美的能力。教学团队在人才培养目标的实现上起到了推进的作用，教学团队中有专业的一线教师还有行业企业的优秀人才，他们有丰富的社会经验，能够掌握社会对人才的需求情况，团队在制订人才培养方案时，能够坚持以社会需求为导向，能够参照行业职业岗位任职要求，构建行业、企业参与制订人才培养方案的新机制。教学团队在培养人才方面能准确适时地提供符合社会需求的人才并作出贡献。

（二）有利于终身教育体系的实现

终身教育是指教育系统为个人提供一生的学习机会，使其不断学习、不断提高，适应社会发展的需要。教学团队在教学内容的设置上，要考虑社会的需求，整合社会上的广泛资源，从专业技能到生活点滴，为不同层次的学习者提供实实在在的贴心服务。因此教学团队建设为终身教育体系的实现提供了教学结构的大力支撑。

（三）有利于发挥不同学科领域教师专长

教学团队是由相近专业的教师，不同行业企业知名专家组成。在完成团队教学目标和任务时，在共同合作，相互协作的过程中，每个人都将发挥自己的技术专长，大家相互学习，这不仅有助于团队教师专业技能的发挥，更有利于教师的知识水平和业务能力的提高。

（四）有利于课程体系的全面运行

课程体系是指同一专业不同课程门类按照门类顺序排列，是教学内容和进程的总和，课程门类排列顺序决定了学生通过学习将获得怎样的知识结构。课程体系是培养目标的具体化和依托，它规定了培养目标实施的规划方案。教学团队的建设为课程体系的全面运行及不断优化提供了保证。建设高水平的教学团队，必定有利于课程体系的改革，课程内容的更新，也一定会带动教学水平的全面提升。

（五）有利于素质教育与专业教育的有机结合

素质教育是依据人的发展和社会发展的实际需要，以全面提高全体学生的基本素质为根本目的，以尊重学生个性，注重开发人的身心潜能，注重形成人的健全个性为根本特征的教育。专业教育是培养各级各类专业人才的教育，专业教育一般在普通教育的基础上进行。教学团队在制订人才培养计划时着眼于培养学生自我学习、自我教育、自我发展的知识与能力，真正把学生的重心转移到启迪心智、孕育潜力、增强后劲上来，能做到注意培养学生强烈的创造欲望、创造意识和创造能力。在专业教育方面，教学团队能做到组建优秀的教师队伍，结合社会发展需要培养懂理论、会实践的专业能手，真正把素质教育和专业教育结合起来，培养一专多能的高素质人才。

（六）有利于教学项目的综合实施

教学项目是学生学习知识、训练技能、培养综合职业能力的载体。教学团队能够制订明确的教学项目目标，设计具体任务，与专业内容相对接，与学生的学习兴趣相一致。在实施过程中能综合考虑教学项目间的联系，层次和逻辑关系，同时以教学内容为依托，与课程的知识紧密结合，充分体现岗位工作实际，培养学生的动手能力和创造能力。

（七）有利于培育团队精神

团队精神是团队成员间磨合后形成的融为一体的精神信念，是指导一切工作的原则。大家在工作中坚持原则，不断提升自我，不断发展团队力量，从而又带动团队的精神不断升华，更富时代感和使命感。因此团队建设有利于培育团队精神，有利于团队精神与时俱进地持续下去。

（八）有利于提高创新能力

在教学团队中大家取长补短互相学习，有利于教师知识结构的提升和业务水平的提升，在实际工作中，教学和科研是紧密结合的，有经验的专家带领年轻的教师一起钻研教学课题，不仅能带动教学水平的整体提升，还能提高教师人才队伍的整体水平。培养教师的科研能力和科研水平就是对教师能力的提升，就是对教师创新能力的培养。

第二节　中等职业教育教学团队的分类与职责

在中等职业学校组建优秀教学团队是充分挖掘现有人力资源潜力，有机整合教学资源，实现产出大于个人绩效叠加之和的有益探索。本节主要讨论中等职业教育学校的团队分类和具体职责。

一、教学团队的分类

教学团队的分类方式有很多。在本书中，将教学团队分为教师团队、教学资源建设团队、支持服务团队、管理团队、科研团队。

（一）教师团队

教师团队一般包括专业教师团队、课程教师团队、研究型教学团队、创新创业导师团队、就业指导服务团队。

1. 专业教师团队

专业教师团队的团队成员应具有理论基础和丰富的教学经验，接受过相关行业的培训或具有行业工作经历，可以对学术水平不做特殊的要求。就应用能力培养，专业教师团队更需要教学能力强、实践经验丰富的普通教师。“双师型”教师在教学中扮演传道、授业、解惑的角色。以学生的职业意识、应用实践能力培养为目标，按实际教学教法、流程设计课程内容，以应用技术、技能传授为任务设定教学情境，以行业标准衡量学生实践水平，实现知识传播、技术传授和经验的传递。

2. 课程教师团队

课程教师团队是一个教学组织，担任同一门课程的教师所组成的一个群体，是一个灵活的、非长期固定的教学管理机构。它以互补互助性的课程小组为讲授主体，以双向交流为主要教学手段，课程团队完全依据课程来界定。一般以该门课程的名称来命名课程团队名称。课程团队负责人组织整个教学过程，负责管理及对该课程评估的组织工作。

课程教学团队建设是一项系统工程，其建设与运行能否取得实质性进展，关键在于中等职业学校能否逐步建立起协同创新机制；课程教学团队建设与运行的探索，重在研究和把握课程教学规律。

3. 研究型教学团队

研究型教学团队不仅要求教师具有扎实和精深的理论素养，了解学科发展前沿动态，而且对教师自身的科研能力提出了特殊要求。教学中强调知识体系的完整性，以学科知识的内在逻辑组织实施教学内容，不满足于知识的传递，更关注学生科研意识的培养，将研究性理论渗透于课程教学的每一个环节，充当教学活动的设计师、组织者、引路人。强化启发式、研讨式教学方法的运用，引导学生提出问题、发现问题，鼓励学生参与学术研讨和课题研究，使学生体验科研乐趣、掌握基本的科研方法并具备初步的探索性科研能力；以讨论、答辩、研究报告等多途径、多方式考核学生学习质量，培养其自主学习氛围、独立思考习惯和质疑批判精神。

4. 创新创业导师团队

创新创业导师团队的成员主要由专职教师、专业课教师、心理咨询师、业界精英构成。创新创业导师团队包括两方面的含义：第一，团队要有创新意识。第二，团队要有创业意识。团队成员要突出专兼职结合、管理人员与专业教师相结合，注重学生人格培养和创新创业训练，以创业计划竞赛、创新项目和创业项目为平台和载体，培养学生的创业精神。

5. 就业指导服务团队

就业指导服务团队要为学生提供从入学到毕业的全过程、全方位和系统化服务。就业指导教师团队应包括专职教师、专业课教师及外聘专家和管理、支持服务人员等。以就业指导课程、专家讲座、心理咨询和座谈等多种形式培养学生健康就业观念，引导学生强化自我认知，做好学生职业生涯设计的辅导，做到生涯计划的科学性和可操作性；以理论讲授和模拟面试等多种方式传授择业技巧，包括求职材料的撰写、求职心理调试、合同的正确签署等一整套内容；构建立体化信息网络，做好就业形势分析与预测，确保信息的有效性、前瞻性和系统性，使学生及时了解就业政策、就业动态和就业岗位需求。

（二）教学资源建设团队

资源建设团队是由教师、技术人员与管理人员等组成，以课程或课程群建设为平台，以网络和电子通讯技术等为沟通、交流手段，跨越空间、时间和组织界限，远程协作开展教学资源建设、教学改革和教学研究。

资源建设团队中的教师应该具备丰富的专业知识及在远程环境下开展教学、制作多媒体教学资源的能力。能够进行动态教学资源的建设，开展教学与科研相结合的行动研究等。资源建设团队按照资源的存储形式可以分为数字（电子）资源建设团队、传统资源建设团队、缩微型资源建设团队。

1. 数字（电子）资源建设团队

数字（电子）资源是文献信息的表现形式之一，是将计算机技术、通信技术及多媒体技术相互融合而形成的以数字形式发布、存取、利用的信息资源总和。商业化的数据库、机构或个人建立的数据库、各种网络免费资源等都属于数字资源。

数字（电子）资源建设团队就是指拥有一定信息技术能力、教学水平，能够完成信息的开发制作、传递发布、维护指导等工作的群体组织。

2. 传统资源建设团队

传统资源主要指纸质类文献资源，主要有图书、期刊、报纸等。笔者将其定义为：传统文献（paper document）是以手写、打印、印刷等为记录手段，将信息记载在纸张上形成的文献。它是传统的文献形式，便于阅读和流传，但存储密度小、体积大，不便于管理和长期保存。

传统资源建设团队，主要是由从事图书馆学及相关专业的人群组成，完成纸质文献的采购、分类、编目、典藏、流通、阅览等。另外，对古籍（甚至包括古代人类的知识载体，比如记录在甲骨、泥板、兽皮、竹简等）文献还担负着修复、整理、保存等工作任务。

3. 缩微型资源建设团队

缩微型文献主要指的是胶片、录音、录像等资料。缩微文献（microform）是指利用光学技术以缩微照相为记录手段，将信息记载在感光材料上形成的文献，如缩微胶卷、缩微平片。特点是存贮密度大、体积小，便于保存和传递，但必须借助专门的设备才能阅读。世界上许多文献信息服务机构都将欲长期收藏的文献制成缩微品加以保存。

缩微型资源建设团队主要是指负责此类文献的制作、存储、管理、阅读等工作的人群组织。

（三）支持服务团队

支持服务团队包括教学支持服务团队和非教学支持服务团队。

1. 教学支持服务团队

教学支持服务团队，是一个教学组织，是教师为学生提供的以师生或学生之间的人际面授和基于技术媒体的双向通信交流为主的各种信息的、资源的、人员的和设施的支持服务总和。其目的在于指导、帮助和促进学生的自主学习，提高学习的质量和效果。

教学支持服务的内涵主要包括：信息与咨询，课程与资源，导学与指导，活动与交互，实践与实验，实施与技术，评价与激励等方面内容。团队是服务的主体，团队的水平决定着教学支持服务的水平和质量。

2. 非教学支持服务团队

非教学支持服务能够帮助学员解决学习过程中的各种问题，促进学业顺利完成；非教学支持服务能促进学员的个人发展等。非教学支持服务团队要在以下几个方面做好支持服务：学习环境，各种教学和管理方面的信息，学生在学习中遇到障碍的解决，学习技能和学习方法，相关的培训，校园文化氛围，受到挫折时容易感到孤独而引发畏难情绪的解决，等等。

（四）管理团队

管理团队包括招生管理团队、教学管理团队、考务管理团队和学籍管理团队。

1. 招生管理团队

对于一所学校而言，要想在激烈的社会竞争中站稳脚跟，实现可持续发展，必须重视学校的招生团队建设与管理。招生的竞争多是体现在招生团队的竞争。招生团队间的竞争无时不在、无处不存，竞争的目标只有一个，那就是占领招生市场，而占领拓生市场最为有效的手段就是组建执行迅速、战斗力强的高效能招生团队。

2. 教学管理团队

教学管理工作决定着学校的教学资源配置和使用是否合理，规模、结构、质量、效益等方面的发展是否协调，日常教学工作的安排及实施是否高效、有序等多个方面。而教学管理队伍的整体水平与学校教学管理工作的质量是成正比的，并与学校的教学质量和对学生的培养质量息息相关。

3. 考务管理团队

考务管理团队，是指对学校与考试相关工作进行管理的一个组织群体。包括从考前的准备到考试的实施，以及最后考试完成的整个过程。教务管理工作需要一套完备并且严谨的管理制度支撑，才能确保考试的公平与公正。考务管理是学校教育管理的重要组成部分，严格可行的考务管理能有效地提高中等职业教育教学质量。

4. 学籍管理团队

学籍管理团队，是从事学生学籍管理工作的一个组织群体，它贯穿于学校的教学和管理之中，是学校教务部门常规性工作的一项重要内容。一个学校的学籍管理工作不仅是衡量一所学校管理水平的重要指标，还是能否提高办学水平和人才培养质量的重要内容之一。

（五）科研团队

所谓科研团队，即以学术研究中心、课题和项目组等为代表的，为实现某个科研目标而明确分工协作，具有良好的互动性和凝聚力的群体。科研团队一般包括课题立项团队、精品课程团队、微课程制作团队、教材建设团队。

1. 课题立项团队

课题立项团队是为了完成指定或特定的科技项目研究任务而组成的科技人员集体。其主要特征为：目标明确、具体、单一，研究和发展工作的规模不大，周期一般较短。团队是为了解决一个相对独立或内容较为单一的科研问题而建立的，重点是在规定周期内完成科研项目。组建课题团队要考虑专业知识、问题解决和人际关系等三个层面上的技能互补问题。

2. 精品课程团队

精品课程团队是一支师资队伍力量雄厚、治学严谨、勤于探索的教学团队。精品课程是具有一流教师队伍、一流教学内容、一流教学方法、一流教材、一流教学管理等特点的示范性课程；是学校教学质量与教学改革工程的重要组成部分。它分为国家、省、市、校四级精品课程。

3. 微课程制作团队

微课程（micro lecture）最早是由美国新墨西哥州圣胡安学院的高级教学设计师、学院在线服务经理戴维·彭罗斯（David Penrose）于2008年秋首创的。

微课程制作团队，通常由学校教师及技术人员组成，能够精准把握课程各知识点、把控考点，有着丰富的教学经验，能够将课程内容、题型等解析透彻，并以丰富多样的教学形式和展示方式将学科知识组织并讲授出来。

4. 教材建设团队

教材建设团队是一支不仅要具有丰富的教学经验和精深的文化底蕴，同时也要具有开拓创新能力和市场洞悉能力，既能够抓住学生心理，又能够紧随国政方针的队伍。编写先进的教材进行教学，是适应新时期中等职业教育教学改革的需要，培养具有市场竞争能力的高素质人才的迫切需要。

二、教学团队的职责

教学团队的职责包括教学团队的一般职责、教学团队组成人员的职责和工作内容的职责。

（一）教学团队的一般职责

教学团队的一般职责可以归纳为如下几个方面。

（1）加强师资培训。根据团队的年龄结构、学历结构、职称结构，制订团队培养计划，在一定时间段内对团队成员进行有计划地培训和提高。

（2）改革教学内容。紧密结合社会经济发展趋势，促进教学研讨和经验交流，以适应经济、文化发展对人才质量、规格的需要，开展教学改革。

（3）创新教学方法。加强与其他学校相关专业、学科教学的经验交流，探索适合中等职业教育人才培养模式的启发式教学、研究性教学、案例教学等教学方法。

（4）提高教学质量。提高团队整体教学水平，起示范带头作用，树立具有时代特征的教育质量观，坚持学生知识、能力、素质协调发展的原则，培养的学生创新精神、实践能力、自学能力、交流能力、团队意识和社会适应能力，培养社会经济发展需要的应用型专门人才。

（5）定期举行公开课，开设教学改革学术讲座。

（6）任期内团队成员以第一作者身份在指定级别刊物上发表一定数量的教育教学研究论文，或主编一定级别的教材（著作）。

（二）教学团队组成人员的职责

教学团队组成人员的职责分为教学团队带头人的职责和教学团队成员的职责。

1. 教学团队带头人的职责

一般说来，教学团队带头人通常是具备先进的现代教育理念和较高的专业技术水平，能够引领教育教学改革与建设的方向；具有较高的学术影响力和丰富的教学经验、沟通协调能力；能够长期致力于本团队建设，坚持在教学第一线为学生授课；具有技术服务或技术研发的经历；整合与利用资源能力强，着眼大局、善于合作、甘于奉献。教学团队带头人还应具有较强的创新意识，愿意与别人分享经验和信息，能够很好地处理和协调内部成员之间的关系，给予成员更多机会，调动其积极性，保障团队目标的实现。培养骨干力量，形成以点带面的布局结构。

团队带头人应关注骨干教师的重点培养，一部分人发展起来带动团队其他成员共同发展，形成以点带面的良好效应和全面发展。在中等职业教育教学团队建设中，团队教师有可能来自不同的学校，分散于各地的成员成长为骨干，从而进一步带动自己所在学校的发展。

团队带头人要具有鲜明的团队精神。通过创新合作机制，完善激励机制，创造宽松而严谨的教学、技术研发与服务的环境，凝聚团队力量，激发创新能力，增加协同效益。团队带头人还要具有明确的发展目标。以提高技能人才培养质量和增强服务区域经济建设能力为核心，在专业建设、课程建设、实习实训基地建设等工作中，设定明确可行的教学改革目标和教学研究目标。工作有思路、有措施、有实效。另外，通过不断地培育和建设，促进团队形成良好的教学建设基础，积累丰富的教学改革经验，取得标志性的人才培养和社会服务成效。能够有效利用行业企业优势资源，实现校企共育高技能人才。能够将相关行业企业最新技术成果引入教学领域，有效促进教学内容、方法和手段的改革，推动教学质量的提高。在教学手段上，能以现代化的教学手段建设团队，使教学团队成员充分利用现代技术，在遇到疑问及难点时可以相互探讨和分享，从而提高效率、减少时间的浪费。值得一提的是，团队带头人要坚持开放办学理念。制订教学团队建设可持续发展的策略，基于现代教育的特点建设高水平、可持续发展的教学团队。站在专业发展建设的高度，对专业、课程建设等进行规划、设计与组织实施；协助组织、研究本专业或课程的建设，包括特色专业、精品课申报、评估检查等。要不断研究和改革教学内容，开发教学资源，开展启发式教学、讨论式教学、案例教学和现代教学手段等教学方法改革，促进教学研讨、教学经验交流。发挥团队优势组织开发高水平的多媒体课件，研究探索本专业教学实践环节，提高课程教学质量。要制订本团队青年教师的培养计划，在业务知识、教学水平、职业要求、个人发展上给予帮助和指导。要密切跟踪国内外本学科及相关学科的学术动态和人才发展状况，每年就本专业领域的专业建设、人才队伍、学术研究、科技成果、物质保障等方面向学校提交一份专题研究报告或综合评估报告。

就某门课程而言，带头人职责如下。

（1）按照建设目标对该门课程教学全面负责，组织和协调本教学团队完成各项任务，考核教师和教辅人员完成教学任务情况，确保课程教学质量。

（2）规划、组织教学内容、课程体系、教学方法和手段的改革，重点要求在建设期内能采取有效、得力的措施提高该门课程的教学质量。

（3）全面负责该门课程的教学资源开发、教材建设、试题库的编制等工作。

（4）负责师资队伍建设工作，注重对青年教师的培养。

（5）建设期满，该门课程的教学质量达到校级精品课程要求，教学质量考核总体达到优秀。

（6）开展较高水平的科学研究和教学研究，每年至少公开发表相关教研论文 1 篇，建设期内主持教改项目 1 项或在核心期刊发表教改（研）论文 1 篇，在国内同领域有一定的影响力。

2. 教学团队成员的职责

教学团队成员应保证能完成教学单位下达的教学任务，按要求完成职责要求的其他任务。

可以分为骨干教师（该门课程教学团队申请组成员）、主讲教师、助教、教辅人员等四方面职责。

骨干教师的职责是：

（1）协助团队带头人工作，积极参与该门课程体系、教学内容、教学方法和手段的改革，不断提高教学质量；

（2）主持或参与该门课程的教材建设和教学资源建设；

（3）积极开展科学研究和教学研究，每年至少公开发表教研论文1篇，建设期内主持或参与教改项目研究。

主讲教师（担任该门课程教学的具有讲师及其以上职称的其他教师）的职责是：

（1）积极参与该门课程体系、教学内容、教学方法和手段的改革；

（2）参与该门课程的教材建设和教学资源建设；

（3）积极开展科学研究和教学研究，建设期至少公开发表教研论文2篇。

助教职责（担任该门课程教学的助教或未定职称人员）：

（1）积极参与该门课程体系、教学内容、教学方法和手段的改革；

（2）跟教学团队带头人或骨干教师随班听课，全程参与教研教改活动；

（3）在教学团队带头人的指导下，承担该门课程的讲授、作业批改、辅导答疑、协助制作课件等工作。

教辅人员的职责是：

（1）提供与该门课程教学相关的文书、档案、教学文件、图书、资料等；

（2）做好该门课程教学及研讨活动所需的准备工作；

（3）认真做好该门课程教学团队建设资料、信息的收集、整理、归档工作。

（三）工作内容的职责

工作内容的职责可以分为教学组织管理工作、教研组织管理工作、教学研究与教学检查工作等三方面职责。

1. 教学组织管理工作

（1）拟定教学大纲。选定或编、译教材及教学参考资料，尽可能使大纲、教材与参考资料相配合。

（2）准备（或预计）好下一学年度本专业各科学生所需教材和参考资料，并根据所承担的教学任务确定本教研室教师的岗位，布置教学任务及进行监督、检查。

（3）在每学期要有教学小结。

2. 教研组织管理工作

（1）保持教学、科研并重，要积极组织本教学团队教师和其他教学团队教师合作确定集体研究项目。组织申报科研项目。并及时督促检查个人的科研工作。教师在教学的同时，必须进行科研活动。

（2）做好课程建设工作，组织教师按学校课程建设纲要的规定编制修订各门课程教学计划。

（3）组织本教学团队按照标准化、规范化的要求，编制好各门专业必修课题库，并逐步使用题库试卷与多种考核方式全面对学生进行测试。

（4）提交学年度科研发展规划，其中必须有年度短期计划。

（5）举办各种学术研究和研讨活动。

（6）要有科研情况总结。

3. 教学研究与教学检查工作

（1）组织教研活动，包括交流教学经验，研究课程设置和更新教学内容等问题，研究教书育人、补充题库、教学改革等问题。要积极组织开展教学研究活动。

（2）掌握教学团队人员的工作分配、请假（系内人员尤其是有课人员有事请假必须事先征得教学团队负责人的同意，经系主任批准，再同系办协调后方可。无故不上课者按教学事故论处）、师资培训等。

（3）定期深入课堂听课，及时了解教师的教学情况，检查课堂教学的思想性、教书育人和教学计划的完成情况，并定期组织教研室教师互相听评课。

（4）每次活动要有记载，每学期要有活动总结。

第三节　中等职业教育教学团队的建设模式

一、教学团队的组织结构设计

（一）设计的原则

中等职业教育应当依据学科发展目标主动布局教学团队，调配资源，明确团队组织结构设计的原则。

1. 任务与目标导向性原则

衡量组织结构的优劣，要以是否有利于实现任务和目标为标准。协同教学团队以实现教学创新，完成创新成果为目标；同时，人才培养是其基本任务之一。因此，完成人才培养，是团队组织结构设计的出发点和归宿。

2. 统一指挥与控制幅度原则

从理论上来讲，一般的管理幅度比较适合的是五六个人，越到基层，管理的跨度就越大；越到高层，管理的幅度就越小。

3. 专业与管理分工协作原则

各学科有义务支持配合教学团队对人才和学科知识信息的要求，学校管理者应当协助促进团队内部管理，并做好保障和协调工作。团队的组织结构设计要利于团队组长、学科带头人、管理者分工协作机制建设。

4. 集权与分权相结合的原则

集权是客观要求，分权又是调动团队积极性、主动性的必要条件。分权有利于团队成员提高执行力。

（二）设计重点

（1）教学团队的目标性：教学团队总体目标的确定，团队内部各个教师各自目标的确定。探索建立同应用型创新人才培养和中等职业教育制度建设要求相适应的新型专业管理和人才培养体制机制。

（2）教学团队的成长性：团队的设计要考虑团队的持续成长。

（3）教学团队的稳定性：团队稳定性涉及很多方面的内容，比如团队文化、教师的激励、团队建设、职业规划、技能培训和备份，保持团队的结构、权责、程序的稳定，等等。

（4）教学团队的弹性：保持教学团队的基本形态，又能配合环境条件的变化。

（5）教学团队的均衡性：一个组织的结构要保持适度的均衡，才能稳定健康的发展，教学团队均衡性包括团队内部各个教师工作量的均衡性，管理职权的均衡性等。

（6）权责明确化：明确教学团队的成员的权责或职责，权责或职责不清将使工作发生重复或遗漏、推诿现象，使团队成员产生挫折感。

（三）结构模式

创新是中等职业教育教学团队的核心目标，组织目标的完成需要相关职能的协助，如实验设备调试、准备，财务管理，市场需求分析等。完成创新需要的这些功能的协调组合，并把相关人员和资源组合起来的载体就是团队的组织结构。从学术争论和交流的角度而言，教学团队组织结构不仅要满足组织目标，即创新的要求，还要适应国家中等职业教育环境及在政策导向等因素影响下的变化。

1. 层式结构

层式结构是一种最简单的组织形式。随着规模的扩大，由各级团队负责人从上到下实行垂直领导，下属团队只接受一个上级的指令，各级负责人对所属团队的一切问题负责。各层团队的相关职能由团队成员自行完成，或设置相应的职能人员完成，如各团队的大型实验准备、协作，财务管理，市场调查等。团队的管理协调都由总负责人制订和执行。

层式结构如图 7-1 所示。

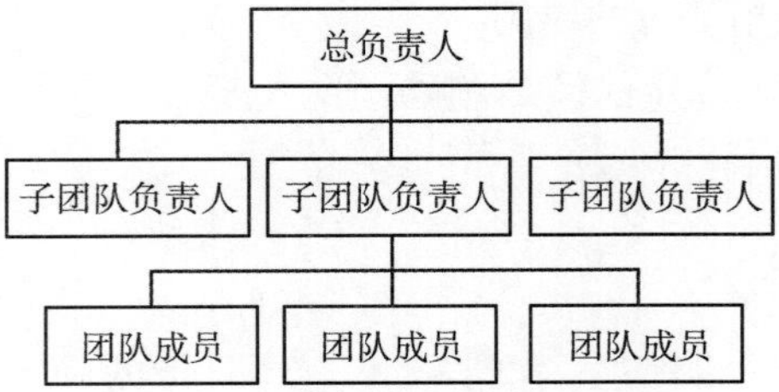

图 7-1　团队组织的层式结构

层式结构的优点是，结构比较简单，责任分明，命令统一。缺点是，它要求总负责人通晓多种知识和技能，亲自处理各种业务。这在团队研究方向比较复杂、规模比较大的情况下，把所有管理和决策职能都集中到最高主管一人身上，显然是难以胜任的。

从信息交流的角度看，类似于金字塔的组织结构属于垂直式的信息流通，阻碍了团队内部信息快速、准确地传递，扼杀了团队成员的创造力。因此，层式结构只适用于规模很小、需长期合作，且目标明确的教学团队，或者是形成初期、具有松散组织结构的教学团队。

2. 矩阵式团队结构

这种结构是在不打破原有学科职能结构的基础上，根据教研项目的特点，设置校级课题组长，其权力与学科领导对等并对项目负全责，如图 7-2 所示。课题组长在学校范围或者一级学科范围内招募科技人员，成立跨学科部门的临时性教学团队，相对集中管理。其优点是，机动、灵活，可随项目的开发与结束进行组织或解散；由于这种结构是根据项目组织的，任务清楚，目的明确，各方面有专长的人都是有备而来。由有关部门派人参加，力图做到条块结合，以协调有关部门的活动，保证任务的完成。这种组织结构形式是固定的，人员却是根据需求变动的，任务完成后就可以离开。项目小组和负责人也是临时组织和委任的。任务完成后就解散，有关人员回原岗位工作，这就加强了不同部门之间的配合和信息交流，克服了直线职能结构中各部门互相脱节的现象。同时兼顾科研和教学，课题组长组织项目，学科带头人组织教学；学科部门主要对课题组起支持作用，技术骨干共享，人员利用率高，当技术人员完成课题组中相应工作后即可返回原学科部门工作或参与其他课题组；技术人员既有跨学科项目交流、锻炼、提高的机会，又有本学科知识技术发展的后盾，促进学科间交流和协作；兼顾科研项目集中管理提高效能和学科人才发展、知识更新两个方面。因此这种组织结构形式逐渐引起学校的重视。

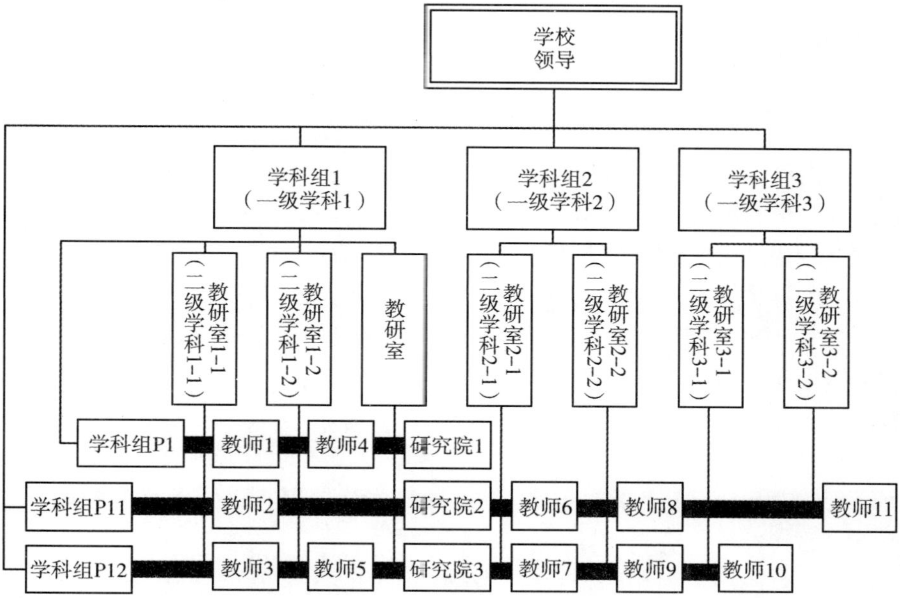

图 7-2　矩阵式团队结构

然而，这种组织形式存在着管理复杂的不足，其缺点是，双头领导下，项目负责人和学科负责人的权力是平衡的，容易出现责任不明确的问题。职权和利益冲突增加；各级都需要更多的时间和精力协调项目和学科之间的资源分配；每个技术人员都要接受双重领导，一旦上级意见不合，技术人员将陷入两难境地；监督和工作绩效评定难度加大。另一方面，团队成员要同时接受项目负责人和学科负责人的领导，承受两种不同的考核体系，一旦出现指令和时间上的冲突，任务无法完成。

二、教学团队建设规划

（一）指导思想

坚持以人为本的人才强校战略，加强教师队伍建设，推进教育理念、教育途径、教学内容和方法等方面的改革和创新，促进教学研讨和教学经验交流，发扬传、帮、带的精神，培养可持续发展的教师队伍；提高教师的教学水平和科研能力，在开展专业建设、课程建设、教材建设、教育教学改革立项建设等方面发挥积极作用，提高教学质量和办学水平。

以全面提高师资队伍整体素质为核心，以提高教学质量为目标，根据专业发展的需求，建设适应教育改革与发展需要的、梯队合理的优秀教学团队。

（二）建设措施

从内外结合两方面考虑，坚持“引聘名师、培养骨干、校企合作、专兼结合”的原则，积极拓宽师资队伍的来源渠道，优化教师队伍，实行激励与制约相结合，健全管理机制，采取“引、聘、送、下、带”和专任教师与企业技术人员“互兼互聘，双向交流”等措施，建设优秀教学团队。

“引”是从生产一线引进管理人员、技术人员担任专业课、实践课的教学工作，通过引进人才，引进教学名师、学科带头人，设立教师奖励基金等方式，加大师资培养力度。

“聘”是聘请企业、行业专家担任客座教授，对现场技术、技能水平要求较高的课程，聘请专家、技术人员进行讲学，并请他们做兼职教师，建立稳定的联系，充分利用社会的资源。

“送”是选取、选拔部分骨干教师到重点院校的对口专业进行深造，攻读学位，重点培养理论相对薄弱的教师。

“下”是让骨干教师下到基层单位（包括校内外实训基地、相关企业等）进行挂职锻炼，对于没有相关专业实践经验的教师尽可能多地安排他们到生产、建设、管理、服务第一线实习，丰富、提高他们的工程实践知识和实践技能。

“带”是以老带新、以强带弱。对学科带头人和骨干教师进行重点扶持和培养，并以学科带头人和骨干教师作为导师，指导中青年教师，定期对中青年教师进行实习、实训、课程建设、学术等方面的培训，以提高中青年教师的教学和科研水平。

（三）建设目标

1. 素质能力目标

主要培养，教学水平高，能够独立开展科学研究，掌握现代化教育信息技术的教学团队。

2. 教师梯队结构目标

（1）学历层次高；

（2）职称结构合理；

（3）外聘客座教授 1~2 名；

（4）梯队人数为 10~15 名；

（5）培养中青年骨干教师 4~5 人。

第四节　中等职业教育教学团队的建设与管理

随着中等职业教育的发展与变化，对每一名从事中等职业教育的人提出了更高的要求，受每名教师本身的职业专长和技能所限，再靠每个人的单打独斗，已经不能适应中等职业教育的要求。这就需要探索和实践如何组成教学团队，来解决教学资源建设、教学过程与服务中存在的问题；这就需探索和实践教学团队如何科学地管理与运行、教学团队如何考核与考评等问题。教学团队建设已成为现阶段中等职业教育教学改革的重中之重。开展此方面的研究与探索，对提高中等职业教育的办学质量具有重要的意义与价值。

一、教学团队组建的基本步骤

教学团队组建的基本步骤一般包括教学团队的申请，教学团队的审批，教学团队的组建，教学过程的考核与反馈，教学团队的成果总结等。

1. 教学团队的申请

教学团队的组建，一般要由一名具备副高职以上的学术带头人提出组建团队的申请。申请中要明确提出：组建团队的目的与宗旨，团队的任务与活动方式，团队的构成，团队的经费预算，团队预期达到的效果或成果，团队的寿命周期，项目任务书，团队需要的其他部门提供的帮助和支持等。

2. 教学团队的审批

主管部门根据教学团队目标和任务，对教学团队的申请进行审核，研究其实现目标和任务的可行性与必要性。如果认为其申请具有可行性，主管部门要对教学团队的活动提出指导性意见，建立相应的教学团队指导小组，研究并提出相应的激励方案和经费支持，提出考核和考评的具体方法。并对教学团队活动过程中出现的问题予以指导、协调和帮助。

3. 教学团队的组建

教学团队批准成立以后，教学团队的带头人要按照教学团队组建的原则和本团队的目标任务组织教学团队。在团队组建过程中重点要根据团队的目标来确定成员构成。如组建资源建设团队既要考虑有专业教师进行教学设计，有学科专家进行把关，还要有编辑等技术人员进行辅助。既要考虑到团队成员的专业性，又要考虑到团队成员的互补性。同时在团队组建过程中尽量做到老中青三结合，起到对年轻教师“传、帮、带”的作用，注意对年轻教师的培养。

4. 教学过程的考核与反馈

教学团队的考核应在学校领导小组的统一指导下进行，要制定一套科学合理的评价指标体系，评价指标体系要以量化为主。学校领导小组根据教学团队的活动和过程进行考核和反馈。一是要检查和评价教学团队阶段性的成果和效果；二是对教学团队做出综合考核，评价按时完成任务的可行性。要本着“立足过程，促进发展”的原则，对教学团队提出改进意见。

5. 教学团队的成果总结

教学团队任务结束以后，教学团队的带头人要对团队工作做出总结，形成项目成果书。对项目完成程度、经费的使用与结余程度做出说明，对工作中的经验与教训做出分析，提出下一步工作设想等。学校指导小组聘请学术专家组成成果验收小组，对优秀团队完成的目标、成果、预算使用进行综合评价和验收，并予以相应表彰和奖励。并决定是否申报上一级的优秀教学团队。

二、教学团队活动的基本形式

教学团队的活动多种多样，从时间上划分，可分为长期、中期、短期；从项目上划分，可分为大、中、小；从风险上划分，可分为确定性、风险性、不确定性。由于教学团队活动的多样性，决定了教学团队的活动形式的多样性，但是，活动形式最终要以目标任务而定。教学团队活动的基本形式如下。

1. 组织召开教学团队建设启动会

研究和部署教学团队建设实施方案，着重从教学团队建设的必要性、教学团队建设目标、教学团队建设的组织实施、教学团队的管理及工作内容等五个方面向与会教师做详细讲解。

2. 确定教学团队建设课程

根据中等职业教育专业设置的情况，同时考虑到系统内课程开设的分布，经调查和论证，确定所开设课程，并安排具体实施教师。

3. 教学团队组成成员

确定团队的组成人员时，综合考虑学校内部和外部，专职和兼职任课教师的整体情况。安排专任教师、校内部分兼职教师参加，同时还吸纳企业和行业的专业人员参加。

4. 教学团队建设讨论的主要内容

（1）如何完成教学团队教学任务；

（2）教学团队建设实习、实训实施的主要途径；

（3）以考试改革带动课程教学模式改革；

（4）教学团队建设课程教学法的研究；

（5）如何改革教材结构，提升网络资源的利用率。

三、教学团队的特征

所谓团队，是指一些才能互补、团结和谐并为负有共同责任的统一目标和标准而奉献的一群人。团队不仅强调个人的工作成果，更强调团队的整体业绩。以上的定义都体现了团队是具有共同愿景、相互依存、技能互补、分工合作、共担责任的一种组织。

教学团队应该具备以下特征。

一是具备清晰的教学、教改目标并且该目标被团队成员普遍接受。只有在团队内部形成了共同的愿景，团队成员才能整合力量，实现乘数效应。

二是具备合理的组织结构。首先要有带头人，带头人应为本学科（专业）的专家，具有较深的学术造诣和创新性学术思想；品德高尚，治学严谨，具有团结、协作精神和较好的组织、管理和领导能力。其次团队要具备合理的梯队结构，团队成员在年龄、职称、知识结构上要科学合理，充分发挥名师的“传、帮、带”作用，实现团队的技能互补和成员技能的共同提高。成员之间可以相互学习，取长补短，促进自己的专业发展。

三是在某些特殊情况下，团队应该具备较强的伸缩能力，尤其注重学科间的横向联系。随着教学活动的日益复杂与深入，对于课程教学的要求也越来越高，这就需要组建跨院系、跨学校的教学团队。所谓跨学科的教学团队，则强调不同学科、专业或不同研究方向的教师组成一个教学团体，协同完成教学任务。教学任务不是完成一门课程的教学任务，而是完成一系列课程或者一个课程模块、系列专题讲座。甚至仅仅是一节课或者一个讲座，也需要由具有不同知识技能的教师组建一个教学团队。

四是团队在教学工作和教学改革工作中成绩突出。教学工作与社会、经济发展相结合，了解学科（专业）、行业现状，追踪学科（专业）前沿，及时更新教学内容。教学方法科学，教学手段先进，重视实验/实践性教学，引导学生进行研究性学习和创新性实验，培养学生发现、分析和解决问题的兴趣和能力。在教学工作中有强烈的质量意识和完整、有效、可持续改进的教学质量管理措施，教学效果好，团队无教学事故。

四、教学团队的功能

教学团队是若干教师或教育工作者通过一定机制结合在一起，为实现一定的目的而建立起来的组织。中等职业教育教学团队只有在充分有效的信息传递中才能发挥作用，中等职业教育教学团队应具有如下功能。

一是“研学”和“建学”功能。这是教学团队在中等职业教育学生入学前应具备的功能。其中“研学”是指对课程知识结构、学习内容进行研究，为建设中等职业教育学习资源奠定基础；“建学”是指学习资源的建设。

二是“导学”和“助学”功能。这是教学团队在中等职业教育学生学习过程中应具备的功能。其中“导学”是指在学生自主学习过程中，教师运用学与教的理论，结合学生特点进行综合性的指导、引导、辅导、疏导、督导等，旨在帮助学生更好地学习；“助学”是指在学生的自主学习过程中提供帮助，包括媒体支持服务、教学信息支持服务、面授辅导支持服务、学习交互支持服务及教学设施支持服务等。

三是“跟学”和“追学”功能。这是教学团队在中等职业教育学生毕业以后应发挥的功能。其中“跟学”是指在学生毕业以后，教学团队仍然对学生进行跟随教育，既满足学生继续学习的需求，也对学生在工作和生活中遇到的问题进行指导和帮助；“追学”是指在课程教学资源更新或学科知识有新进展时，教学团队及时将相关课程信息提供给已毕业的学生。而且“追学”与“跟学”的区别在于，“追学”更具有主动性。

五、教学团队建设的措施

教学团队建设是中等职业教育发展的一项重要举措，要从多个层面着手进行教学团队的建设和完善。具体而言，教学团队可以从以下几个层面着手进行建设和完善。

1. 明确教学团队建设的目的和内涵，为教学团队建设奠定良好的思想基础和保障

教学团队在组建过程中就应具有明确、准确的定位，以此使教学团队建设能够在既定目标的引导下，不断规范、引导、激励团队成员围绕团队目标进行团队建设。与此同时，教学团队成员只有正确地理解和认识教学团队的基本内涵，才能确立正确、科学的团队目标；而教学团队基本内涵的内在阐释，也是对教学团队自身建设、发展的内在引导和规范。因此，只有这样才能促进教学团队自身的科学发展和进步。

2. 遴选教学团队负责人，增强团队凝聚力

教学团队负责人作为教学团队的领导核心和灵魂人物，不仅是教学团队的组织者和规划者，而且是教学团队整体发展方向的指引者和引领者，因此教学团队负责人自身素质的高低对教学团队自身的发展、建设具有举足轻重的重要影响和作用，是决定教学团队运行或成效的关键所在。结合自身的实际情况，选拔一批年富力强、具有扎实理论基础和教研能力，责任心强，且具有开拓进取精神的年轻学者和中青年骨干教师，以此，通过教学团队的建设，不仅能充分挖掘各位教师的内在潜力，而且，能够培养一批独当一面、堪当重任的中青年骨干教师。

3. 优化团队结构，实现团队成员之间的优势互补

教学团队作为一种组织形式，本身是一个相对统一、完整的整体，教学团队的成员具有较强的广泛性、代表性和多样性，尤其是随着当今知识社会、信息社会的到来，更使得各位教师面临的处境日趋复杂和多样，这就需要各教学团队在建设过程中尽量考虑团队成员之间的异质性和互补性。因此，身处其中的成员彼此之间既要具有一定的同质性和相似性，又应具有一定的差异性和互补性。但这种差异性不应相差太大，应以不损害团队成员之间的合作、交流为前提。而在异质性比较强的教学团队中，要注意在优化其职称、年龄、学历等结构的同时“坚持分工明确、梯度合理和动态发展的原则”，使不同层次的教师最优化组合，最大程度地发挥各位教师的功效。

4. 完善制度建设，确保团队建设的有序进行

教学团队作为由个体组成的相对较为正式的群体和组织，其本身具有较强的目标性、规范性和内在统一性，这就要求教学团队自身具备较为规范的发展规划体系、管理体系、行为规范和评价考核体系等。这种制度体

系的存在不仅决定了团队及团队成员的工作方向、目标和基本要求，而且，直接影响，乃至决定了团队成员自身的运行方式和内在行为模式，由此可见其对教学团队及其成员的重要影响和作用。因此，中等职业教育在教学团队建设过程中要出台详细、可行的规章制度和文件规范，为教学团队自身的健康发展和进步提供相应的制度保障和支持。同时各教学团队在建设、发展过程中也要根据自身的目标定位和发展规划制订符合自身实际要求的管理制度和规范，以此保障教学团队自身的规范发展和不断进步。

5. 创新团队文化，构建学习型教学团队

教学团队文化作为整个学校文化体系和教学团队自身的重要组成部分，不仅有利于教学团队内部的整合及教学团队成员间凝聚力、感召力的增强，而且有利于整个学校文化体系的更新、完善和创新。因此，教学团队文化建设的成败不仅影响教学团队自身的运行和发展，而且影响教学团队所在学校的发展和进步。因此，在中等职业教育教学团队文化建设过程中要注意不断加强文化建设，尤其是要注意将教学团队文化建设与本校及其所处的环境相适应，使团队文化能够深深地扎根社会而又具有自身的特色。

6. 加强团队类型建设，丰富教学团队建设的基本内涵

教学团队作为一种组织形式，按照不同的标准，可以分为多种类型。如根据团队分为问题解决型团队、自我管理型团队、多功能型团队等三种类型。根据学校教学团队的存在方式，可分为常态教学团队和动态教学团队，单一型教学团队和综合型教学团队。单一型教学团队主要由本学科、专业及本系统的成员组成，而综合型教学团队则由不同专业、学科及行业和部门、单位的工作人员组成。从团队运行方式和内部管理特点来看，可将教学团队分为权威型教学团队和民主型教学团队。中等职业学校要根据自身的实际情况，有针对性地进行不同类型教学团队的建设，并要在不同类型的教学团队的建设过程中，实现新的突破和发展。

7. 加强考核评价体系建设，充分发掘团队成员的内在潜能

为保障教学团队整体效率的不断提升，就需要进一步完善教学团队考核评价的方式和体系，即不仅要从团队层面出发，对教学团队的整体工作成效、水平和质量进行评价和测评，也要考虑团队成员个体的特性和自身的发展需求，鼓励团队成员在服从需要教学团队整体发展目标和要求的同时，不断完善自身的知识、能力结构，提升自身的业务素质和水平；不仅要从外部管理层面加强对团队成员的管理、规划和制约，也要从内部建设角度出发加强团队成员自身的自我管理和约束，以此，形成内外结合、良性发展的学校教学团队考核评价体系。

8. 加强内在运营机制建设，不断增强教学团队的内在凝聚力

教学团队应根据自身的成员组成、团队目标、文化氛围等形成符合中等职业教育培养目标和知识运行规律的运行机制。首先，教学团队在运行过程中要充分发挥民主，即无论是教学团队发展目标、发展规划的确定，还是团队内部管理规范、考核评价体系及利益分配规则的制订等都应实行民主决策的方式，而不能按照行政化的决策方式将个人的意志强加于整个团队。其次，教学团队在运行过程中要注意建立专业学习共同体，使学习者及其助学者彼此之间在学习过程中进行沟通、交流，分享各种学习资源，共同完成一定的学习任务。

此外，在团队建设中，要努力从教师队伍、教材、实验条件、教学实践基地等方面入手，尽可能做到“人尽其才，物尽其用”，实现效益的最大化。

六、教学团队的管理及考评

制订和完善中等职业教育教学团队的管理及考评制度，笔者认为应做好以下几方面工作。

1. 扩大团队管理权限

应在制度层面明确教学团队应有的权力和地位，扩大团队的自主管理权。如教学改革的自主权、经费和教师资源的使用权等。应赋予团队自行安排教学工作、教学内容、团队内部考核等方面的自主权。

2. 完善人事管理制度

要在一定程度上淡化团队教师与所在部门的关系，从人才培养和课程建设实际出发，鼓励在全校范围内选聘专任教师，组建跨专业、跨部门共同参与的教学团队。

3. 改革教学管理模式

调整目前的教学管理模式，现在中等职业教育的教学管理一般都是以学校教务处为主，可以下放到教学团队，也就是教学的重心下移到教学团队，只有抓住了教学团队的建设，教学教改及学科、专业建设才能有效进行。

4. 改革考评激励机制

考评应由重视个人业绩考核向重视团队发展的绩效考核转变，由重视过程考核向重视目标考核转变，由单纯的数量评价向重视质量评价转变。

绩效考评内容主要包括：

一是团队目标的实现程度，以业绩为核心建立科学的评价体系：

二是团队带头人绩效考核，主要评价其在团队中的贡献：

三是团队成员绩效考核，评价各成员承担任务及完成任务情况。

因为教学成果的显现一般需要经历比较长的时间，而且认可相对较低。因此对教学团队的考核应该侧重于对团队今后发展和教学水平的提供支持，而不能仅仅是只对之前一定时间教学业绩的评估。团队的绩效考核是考察团队及团队成员工作业绩的一种制度，对教学团队的激励要从整体入手，同时也要考虑不同成员贡献的差别，使做出突出贡献的成员得到公平的回报。通过定性和定量考核相结合，与职称评聘、晋级晋升相结合，建立有效的绩效考核制度，实现对团队整体和团队成员的有效激励。

第八章　中等职业教育支持联盟建设

任何一所中等职业教育学校，单凭自身实力很难完成教育目的，或者说难以保证教学质量。中等职业教育建设应该依托各种社会力量的支持和参与，不断提升办学能力和水平。在相关部门的领导和协调支持下，成立相关支持联盟。沈阳市城市建设管理学校结合自身特点，分别建立了大学支持联盟、行业支持联盟、企业支持联盟和中等职业学校支持联盟。中等职业教育支持联盟具有自己的特点和内容、目标、原则和运行管理模式。

第一节　中等职业教育支持联盟建设的特点和内容

中等职业教育的建设不仅要充分利用中等职业教育现有的资源，同时也要充分利用社会资源，建立相应的外部支撑体系，依托各种社会力量的支持和参与，不断提升办学能力和水平。

一、支持联盟的含义及特点

中等职业教育支持联盟与普遍意义的联盟含义不同，为了更好地分析理解中等职业教育支持联盟的含义，有必要探讨与联盟相关的理论。

1. 联盟的含义

人类社会初期，就出现了氏族和部落等，这是联盟的雏形。随着社会进步，科学技术的发展，联盟具有了更为广泛的含义。在当今社会，对于联盟的表述可以概括为以下几种。

第一种，联盟的普遍含义。《辞海》中将“联盟”定义为“两个或两个以上的独立的国家或民族为共同行动而订立盟约所结成的集团。也指个人或集体、阶级的联合。联：连结、结合、联合、联结、联系、联络、联盟、联邦、联名、联想、联姻、联营、珠联璧合。古代户口编制的名称，十人为联。盟：旧时指宣誓缔约，现指阶级的联合，国与国的联合。盟军、盟友、同盟国。

第二种，政治联盟。是指不同的社会政治力量为实现一定的共同目标而结成的联合体。比如欧盟，既是经济联盟又是政治联盟，总部设在比利时首都布鲁塞尔，现拥有 20 多个会员国，正式官方语言有 24 种。目前欧联的运作方式依照《里斯本条约》。

第三种，经济联盟。是指参加国除了达到关税同盟的要求外，制定某些共同的经济政策，在货币金融方面进行协调，实现同盟内各种商品和生产要素自由流动，建立起一些超国家的经济调节机构的组织。如东南亚国家联盟、南亚区域合作联盟、美洲国家组织、亚洲太平洋经济合作组织等都是世界范围的经济联盟。

第四种，军事联盟。两个以上国家或政治集团为对付共同的敌人，通过缔结盟约而建立的军事合作关系。如第二次世界大战期间的中、苏、美、英、法等国结成的反法西斯同盟。

第五种，企业联盟。是指企业个体与个体间在策略目标的考虑下结成盟友，自主地进行互补性资源交换，各自达成目标产品阶段性的目标，最后获得长期的市场竞争优势，并形成一个持续而正式的关系，其中著名企业联盟有 CEO 商业互惠联盟。

第六种，战略联盟。就是两个或两个以上的企业或跨国公司为了达到共同的战略目标而采取的相互合作、共担风险、共享利益的联合行动。

综上所述，笔者认为联盟就是两个或两个以上国家、法人为达到共同的目标所结成的集团或采取的相互合作、共担风险、共享利益的联合行动。

2. 联盟的构成要素

联盟形成一般包括联盟成员、联盟目标和联盟协议三要素。

（1）联盟成员。联盟首先要有两个或两个以上的国家或法人参与，是联盟建立的前提。实现联盟的目标，必须有一定数量的成员，通过一定的进入程序或手续，使成员对联盟有一定的归属感和认同感，明确联盟与其成员各自的权利和义务。

（2）联盟目标。没有明确目标的联盟是不存在的。明确的目标是联盟的灵魂，是确定联盟的基础。联盟就是人们为了实现共同的特定目标而组合起来的集团。目标是致力于达到的某种期望的境界，是对未来的志向，是期望达到的状态。目标清晰明确，联盟的意愿就更为强烈。

（3）联盟协议。没有联盟协议、规章制度，联盟体就缺少了约束力，就会出现各行其是。联盟的规章制度，是关于特定联盟的性质、目标、任务、结构、原则、成员的权利与义务、活动规则等的规定。任何联盟都要有完整、健全、可操作、可执行的规章制度或协议。

此外，任何联盟都需要有一定的物质条件来保障其运行，包括资金、设备、信息和活动场所等。

3. 联盟的分类

由于联盟的种类较多，为了更好地探索和研究联盟，有必要对联盟进行分类。

（1）从时间上分类。按照联盟的时间长短，可以将联盟分为长期联盟和短期联盟。长期联盟是指 1 年以上的联盟，具有长期的联盟目标、合作项目；短期联盟是指 1 年以下的联盟，各联盟成员为了一定目标，暂时结成联合体，目标实现后，联盟即刻解体。

（2）从风险上分类。按照联盟面对的风险程度不同，可以将联盟分为高风险联盟和低风险联盟。风险是指生产目的与劳动成果之间的不确定性。高风险联盟是指投资大、期限长，承担损失可能性大的联盟；低风险联盟是指投资小、期限短，承担损失可能性小的联盟。

（3）从效益上分类。按照联盟后获取效益的不同，可以将联盟分为契约式联盟和股权式联盟。契约式联盟以联合研究开发和联合市场行动最为普遍，这种联盟形式不涉及股权参与，而是借助契约形式，联合研究开发市场的行为。这种联盟效益按照契约中的约定进行分配。股权式联盟是由各成员作为股东共同创立的，拥有独立的资产、人事和管理权限的联盟。具有对等实力的独立法人之间建立的联盟，以股权式联盟为最牢固，契约式联盟次之。在实际操作过程中，企业作为市场主体更倾向于缔结股权式联盟，而学校作为社会公益性机构，大多采取的是契约式联盟。

（4）从主次上分类。按照联盟各方在联盟中所处的角色不同，可以将联盟分为盟主和盟员。在联盟各成员中，因地位、分工和责任不同，可分为盟主和盟员。联盟中的领袖或者倡导者为盟主，联盟中的其他成员、处于参与地位的为盟员。

（5）从目的上分类。按照联盟后获取利益目标的时限不同，可以将联盟分为战略联盟和战术联盟。战略联盟就是两个或两个以上的企业或跨国公司为了达到共同的战略目标而采取的相互合作、共担风险、共享利益的联合行动。战术联盟是以指导执行的方式方法进行具体合作。前者侧重于长期发展目标，后者关注短期共同利益。实践中，战略联盟更为常见。

4. 中等职业教育支持联盟的含义

中等职业学校从建校开始，就不是孤立发展的。从早期的企业技校聘请企业外的各类学校的教师和企业工程师的企业与企业、企业与学校间的合作，到目前利用现代信息技术，集合全世界的优质资源，开展方方面面办学教学合作，时时、处处都体现了联盟形式。

笔者认为中等职业教育支持联盟是以契约形式为主的战略联盟。从模式上看，中等职业教育支持联盟属于双向合作模式，通过一对多的双向合作，与高校、行业协会、企业、城市、科研院所和中等职业学校等建立合作关系，取得多方面的支持，提升自己的竞争力。

5. 中等职业教育支持联盟的特性

（1）时间性。是指中等职业教育支持联盟是在某一段时间内才有效、有意义，发挥它应有的作用。中等职业教育支持联盟成员之间的合作是有一定的目的和任务，当这种目的达到时，联盟就失去了存在的必要，因此这种联盟具有时间性。

（2）区域性。是指中等职业教育支持联盟受其地理、文化、政治、经济等因素制约，为一定区域经济服务。这个区域有时很小，有时很大。联盟中的成员之间有共同关心的问题或共同的利益，因此，它们在保障共同利益及发展经济文化关系等方面，有进行协调、广泛合作的需要。

（3）独立性。是指中等职业教育支持联盟各方在资源共享、优势互补、相互信任、相互独立的基础上，通过事先达成协议而结成的一种独立、平等关系，这种关系不受合作伙伴之间其他因素的影响。成员之间，不是上下级关系，而是属于充分自愿结合、切实互利双赢的战略合作伙伴关系，有准入门槛和退出机制，各自都有独立性。

（4）效应性。是指中等职业教育支持联盟各方经验共享、实现利益最大化。效应是在有限环境下，一些因素和一些结果而构成的一种因果现象。因此，联盟成员之间相互影响，一损俱损、一荣俱荣，这是其效应性特点的具体体现。

（5）依靠性。是指中等职业教育支持联盟成员间相互依靠、相互支持。中等职业教育支持联盟成员间各有优势，同时各有不足，通过联盟可以实现优势互补，取长补短。例如，在校企联盟中，学校理论知识比较强，但是实践能力较弱，而企业有较强的技术操作人员，但是不能够提升总结，理论不足。通过校企联盟，就能够很好地实现理论与实践结合。这种相互补充、相互依靠使中等职业教育支持联盟建设具有实际意义。

（6）竞争性。是指通过中等职业教育支持联盟，提高联盟各方的竞争力。信息技术的飞速发展，给中等职业教育支持联盟中的各成员带来了机遇与挑战。谁先在技术上占领制高点，抢占先机，谁获利就大。同时联盟体外的其他主体也在不断发展，对联盟体中的成员也产生一定的竞争。只有通过中等职业教育支持联盟，才能不断适应外部环境的变化，提高竞争能力。

（7）风险性。是指中等职业教育支持联盟存在不可预料的因素，其结果有很多是未知的，投入和产出不对等的可能性随时都会出现，这种风险是客观存在的。

（8）主次性。是指中等职业教育支持联盟是一对多的联盟方式，这种方式，会使联盟成员根据实际需要，有选择、有侧重、有先后地开展合作，使其效率、效益达到最大化。

（9）约束性。是指中等职业教育支持联盟基本采取的是契约式联盟，产生了契约关系，各成员就要按照相关的要求，完成自己的任务，或者承担自己的责任。否则，就会受到一定的处罚，因此，联盟成员之间具有一定的约束性。

（10）选择性。是指中等职业教育支持联盟的市场主体众多，跟谁合作，在哪方面合作，怎么合作，在联盟建设中都需要做出选择。这就要求有合作意向的主体，要充分做好调研，以便找到最适合自己的对象、效益最大的项目进行联盟。

6. 中等职业教育支持联盟的形式

中等职业教育支持联盟拟探索由六个子联盟组成，即：大学支持联盟、行业协会支持联盟、企业支持联盟、城市支持联盟、科研院所支持联盟、中等职业学校支持联盟。

二、中等职业教育支持联盟建设的内容

1. 支持联盟凝聚力的建设

凝聚力是指联盟对各成员的吸引力，成员对联盟的向心力，以及联盟成员之间的相互吸引。凝聚力外在表现于人们的个体动机行为对群体目标任务所具有的信赖性、依从性乃至服从性上。强大的凝聚力会使中等职业教育支持联盟的作用更大，效率更高。一个联盟组织能否一起走得更远、更久，归纳于这个联盟是否有共同的远景，也就是联盟信念。这种信念促使大家团结一致，全力以赴，勇往直前。

2. 支持联盟合作能力的建设

合作能力是指工作、事业中所需要的协调、协作能力。其突出的特点是指向工作和事业，这正是许多企业、组织极端重视员工的合作能力的原因所在。和谐的中等职业教育支持联盟成员关系是合作能力的前提条件，也会创造良好的合作环境。合作问题其实并不难，只要有合作的愿望、合作的意识，拿出诚意，很多的问题就能迎刃而解。

3. 支持联盟士气的建设

士气是维持意志行为的具有积极主动性的动机，外在表现为勇气、耐心、操心三种心理状态，内在表现为自觉性、凝聚力和竞争心理三种心理状态。士气的作用在于激发人们的体力、精力、能力等潜在的生理能量和心理能量。为每个成员设定具体而恰当的目标，使各成员创造出更高的绩效。有明确的奖惩制度，对完成了既定目标的成员进行奖励，没完成的，要赔偿一定损失。

4. 支持联盟自身能力提升建设

自身能力包括组织能力、沟通能力、领导能力、创新能力、学习能力、号召能力、适应能力等。中等职业教育支持联盟要不断地加强学习，提升自身的各方面能力，使中等职业教育建设更有活力和生命力。

5. 支持联盟结构优化建设

中等职业教育支持联盟要搭建合理的联盟组织结构，实现优势互补，减少联盟之间内耗，进一步发挥团队的整体水平。建立责、权、利统一的联盟管理机制。在联盟运行过程中，要确定谁适合于从事何种关键任务，以及谁对关键任务承担什么责任，以使权责清晰，延续交叉。

三、中等职业教育支持联盟建设的目的及意义

中等职业教育和一般教育不同，具有特殊的历史使命、办学理念和任务。建设中等职业教育支持联盟，正是中等职业教育承担历史使命、践行办学理念和完成主要任务的必然之举。具体来说，其意义主要如下。

1. 提升中等职业教育的自身办学能力

作为一所中等职业教育学校，就必须充分利用社会力量，通过联盟实现优势互补，汇聚和整合社会各级各类优质教育资源，改革人才培养模式、服务模式和评价模式，提升自身的办学能力与服务水平，提高教育质量，以便满足学生多样化、个性化的学习需求。比如企业中有很多行家里手，可以聘请他们担任中等职业教育课程的辅导教师，这对于提高学生的实践

能力将大有裨益。争取政府更大的支持，对中等职业教育有更多的政策投入、资金投入，推动存量资源整合及各级各类教育学分的转换与互认。

2. 为联盟成员单位提供教育服务

作为中等职业教育要发挥其自身体系的优势，充分利用信息技术，搭建集教、学、管、研、服于一体的网络平台，满足开展非学历和学历继续教育的需要，促进科技与教育深度融合，努力成为各级各类学校、教育机构、企业行业和各级城市共建共享资源和提供社会服务的终身学习公共服务平台。要发挥公共平台作用，通过它，可以为联盟成员单位提供各种各样的教育服务，如将加入联盟的学校的优质资源推向社会，为加入联盟的行业企业员工开展岗位培训、提升学历水平、促进加入联盟的城市开展社区教育等。

3. 建设终身教育体系和学习型社会

作为“学习型社会的支点”，中等职业教育的联盟建设绝不单单是为了提升自身的教育教学能力和提高联盟成员单位的教育服务水平，这一切最终还是为社会经济发展服务，为终身教育体系的构建和学习型社会的形成服务。

4. 能够优势互补，实现多赢

联盟成员彼此之间能够取长补短，发挥“1+1>2”的协同效应。充分共享教育资源，既包括教育领域内部资源的合理配置，又包括联盟成员间的政策、产业、职业、就业、文化、教育、企业、行业等方面的信息资源交流。实现优势互补，使各成员在联盟中，取得最大效益。

5. 能够降低风险，提升竞争力

联盟通过共同投资建设项目、共担风险、共享成果等措施，增强联盟成员竞争能力，将可能存在的风险减小到尽可能低的程度。

综上所述，中等职业教育通过支持联盟，将加强自身的学术内涵建设，而通过行业支持联盟、企业支持联盟、城市支持联盟、大学支持联盟、中等职业学校联盟等，将分别从“条”“点”“面”三个不同的维度，促进学习型行业、学习型企业和学习型城市建设，实现立体覆盖全市城乡的中等职业教育网络，为学习型社会的形成提供强有力的支撑。

第二节　建设中等职业教育支持联盟的目标和原则

中等职业教育支持联盟建设是建好中等职业教育的重要基础和保证。

中等职业教育发展要通过联盟形式，广泛地借助全社会方方面的力量，构建完全适应社会需要的学科和专业体系。

一、建设中等职业教育支持联盟的目标

总体目标就是构建中等职业教育外部支撑体系，充分利用社会力量，实现优势互补，全面提升中等职业教育自身办学能力和社会服务能力。充分运用中等职业教育的开放、责任、质量、多样化、国际化的办学理念，动员一切社会力量，利用一切可用办学资源，建立大学支持联盟、行业支持联盟、城市支持联盟、企业支持联盟、机关支持联盟、科研院所支持联盟、中等职业学校支持联盟，破解一切禁锢中等职业教育建设的难题，扩大中等职业教育办学空间，实现优势互补，提升办学质量。

二、建设中等职业教育支持服务联盟的原则

建设中等职业教育支持服务联盟要紧紧依托学习型社会建设，整合社会资源，最大限度地实现教育公平，最大限度地让所有人终身都能进行相对容易的学习，实现教学服务的社会化。

1. 立足自身，放眼全局

从中等职业教育现有的教育教学领域入手，以整个社会需求为重点，既考虑眼前，也要考虑长远，做好顶层设计。

（1）中等职业教育建设必须立足自身。要在已有经验的基础上，在认真总结经验的基础上，在不断完善已经实践证明初级资源建设的基础上，循序渐进地逐步完善和提升各级各类课程的资源建设，把已经有的资源建设好、完善好，课程资源体系尽可能完备。

（2）要紧密结合沈阳区域实际，在全民学习、终身学习、学习型社会建设方面，进行符合实际的探索与研究。中等职业教育建设要紧紧结合沈阳区域建设实际进行设计。

（3）中等职业教育联盟建设必须放眼全局。根据沈阳区域的发展规划，使联盟建设紧紧围绕沈阳区域实际发展和建设进行联盟建设。

2. 依靠政府，多元合作

要努力满足政府及全社会构建终身教育体系和学习型社会的需求，积极争取政府的相关政策，与社会行业、企业和学校开展广泛的合作。

（1）中等职业教育联盟建设必须紧紧依靠政府。在政府主导下，集中

政府投资建设好中等职业教育联盟。

（2）集中资金建设数字化资源。通过中等职业教育联盟来组织、整合全社会各级各类教育资源建设。

（3）寻求社会的多元合作。加强与学校合作，与行业合作，与企业合作，与相关类型的城市合作，与各级各类有培训需求的单位全面合作。

3. 积极稳妥，由易到难

在联盟建设过程中既要积极开拓，也要分步推进，从易到难，从点到面。

（1）要遵循积极稳妥政策。中等职业教育联盟建设是一个漫长的过程，是一个新生事物。任何办学联盟形式的建立，不但理论上要行得通，而且在实践上必须考虑各个方面的平衡，必须通过联盟实现真正的双赢，双方的联盟必须积极稳妥地进行，成熟一个联盟一个。

（2）分步推进。先将带有普遍性的资源建设联盟建立起来，这项工作已经启动，可以作为中等职业教育联盟建设的第一步骤，然后分步进行与各个学校的联盟建设、与各个企业的联盟建设等。一切完全根据社会发展的实际，根据学校和企业发展的实际，根据互联网技术发展的实际而进行，分步骤、循序渐进地进行建设。

（3）从易到难。中等职业教育联盟建设必须遵循客观规律，不能搞运动，不能贪图形式，必须切实地根据中等职业教育发展建设的实际，从易到难进行。当前合作双方都有意向的，联盟建设完成后学生很快受益的，可以首先进行。因为双方的需求，专业与课程建设，办学的组织实施有很多的相互依附性，所以先从容易的联盟建设入手，逐渐与较高层次的行业或企业等进行联盟建设，发展到最后与学校和科研单位进行项目的联盟建设。

（4）从点到面。中等职业教育联盟建设必须遵循由点到面的建设原则。通过联盟双方需求分析，学科及专业建设分析，需要人才培养方向分析，等等，先行试点。在资源建设方面，在专业培养人才协作方面，在师资及实践技术人员借助方面，等等，都进行初步试点。根据试点情况，都由一个点到几个点的试点，逐步推广到整个面上，最后形成最广泛办学合作的联盟。

4. 单向与多向并举、合作与服务并重

中等职业教育支持联盟建设，必须认真考虑相互联盟的需求，双方为对方都能提供相互的支持，合作是相互的，受益是相互的，成功也是相互的。

（1）单向与多向并举。在联盟建设中要打破单一联盟模式研究问题，打破就单一合作项目研究问题，变单一项目合作为多个项目合作，变单向领域合作为多向领域合作。比如在资源建设上，能够让课程资源在所有教学平台上使用，各个平台软件可以相互转换，各类课程建设软件可以相互转换。在与联盟建设单位合作上，也逐渐改变单向合作为多向合作，不停留、不拘泥单向合作，从一个领域向多个领域合作进军，从单向的资源建设合作，到多向的专业与课程合作，招生与教学管理的合作，考试与学分互换的合作，等等。

（2）合作与服务并重。中等职业教育支持联盟建设，要从合作与服务并重入手。中等职业教育要为联盟建设的单位，在扩大办学，扩大培养人才的范围和领域方面做好服务工作。用最佳的服务，做好连接教师与学生的纽带。同时，要积极探索通过服务让学生能学习到想学的知识，能及时获取学习中疑问的解答，能确保整个学习过程中的任何问题都有专门人员给予接待和解答。

5. 资源共享，优势互补

中等职业教育仅仅依靠自己的现有力量，难以完成中等职业教育学生学习的需求，这就必须通过各种联盟方式，集合全社会资源为中等职业教育教学所用。

（1）资源共享。中等职业教育联盟要努力建设好中等职业教育教育资源库。根据相关领域人才培养的需求，建设相关的培训和教学资源。中等职业教育要充分利用国家资源中心的各类资源，利用好各省、市资源中心，真正地实现全国的资源共享。

（2）优势互补。要坚持优势互补，要努力借助联盟单位的资源优势、师资优势、学科和技术优势，借助实验、实训环境、设备优势，来补充中等职业教育设施、设备、网络环境等的不足。借助高校在沈阳区域办学的优势，从而弥补中等职业教育相关专业和资源的不足。

6. 项目带动，长效定位

联盟建设的出发点必须是项目带动，不能凭空想象，不能随意设计，要真正地从需求出发，从项目出发，进行整个联盟建设，还要长效定位。

（1）项目带动。项目是中等职业教育与相关单位和领域合作的开端，通过项目双方进行教学环节的联盟，如与学校的项目一般是以专业建设、课程建设、资源建设为项目合作为开端。通过项目带动专业整体的发展，项目带动的实践成功，就可以促进合作的最佳方式，以最少的投入带动项目的延续合作。

（2）长效定位。就是将联盟合作项目长期开展。初期合作打基础，将合作项目借助外界力量进行完善。中期合作上质量，通过多家合作将项目设计和发展成为本领域的领军项目。长期合作求发展，而发展必须是根据合作项目在实践中应用的发展而发展，社会进步，行业进步，合作项目也将随之进步与发展。

7. 互利互惠，共创双赢

联盟双方不论在专业建设、课程建设，还是资源建设或人才培养方面，都要积极稳妥进行，每个联盟合作项目要真正有双方合作需求，合作意愿，合作项目要有相应的合作市场。

（1）互利互惠。一些教育教学项目是公益性的，像紧急避险、紧急救护、突发事件处理等，这些项目完全是政府投资、社会公益项目，也是惠民工程的项目。

（2）共创双赢。合作的目的就是减少项目重复建设，减少多方投资，合作本身就是节约办学成本。联盟建设实现最经济的投资，合作双方最后达到双赢。

第三节　中等职业教育支持联盟模式的构建

建设沈阳区域中等职业教育支持联盟，不仅要充分利用沈阳区域中等职业教育的现实基础，同时也要充分利用社会力量，建立相应的外部支撑体系。

一、支持联盟模式选择的原则

1. 相互信任的原则

中等职业教育支持联盟必须建立在互相信任的基础上。只有以信任为基石，联盟伙伴之间才可能建立长期的合作关系。有学者指出，联盟中有许许多多重要议题，但信任是绝对的关键，其他要素莫不基于此。因此应重视办学理念与合作态度的契合。

2. 优势互补的原则

联盟成员在组织文化、价值取向和优质资源等方面存在差异，这些差异是战略联盟的最大优势。中等职业教育联盟需要融合不同的组织文化，相互兼容、相互借鉴，实现中等职业教育与联盟成员的良性互动和竞争，从而达到共赢发展。

3. 资源共享的原则

资源共享的原则主要是指中等职业教育对联盟成员优质教育资源的有效利用，并通过中等职业教育资源共享的平台使这些优质教育资源为社会学习者共享，更好地为终身教育服务，提升核心竞争实力。

4. 特色突出的原则

组建中等职业教育联盟不是简单的联合，也不能照搬模仿传统学校已有的联盟方式，而应形成自己的特色。基于构建终身教育体系和学习型社会，中等职业教育联盟应体现立足于面向全社会的开放和多样化的办学特征，以高效灵活的运行机制，利用现代信息技术，整合社会教育资源，构建办学网络覆盖全国的开放教育模式。

5. 双方共赢的原则

双方共赢的原则是指不同学校在基于平等、合作、互动的原则基础上形成合作机制，其宗旨是在组织开展的各项活动中，把提高教育质量作为学校发展的核心任务，遵循以校为本、校际联动、各司其职的基本原则，以同质促进、异质互补、文化融合为愿景，以制度建设为基础，以提高课堂教学有效性的项目研究为抓手，以教师专业发展为途径，推动联盟内各学校的发展。促进中等职业教育的发展应重视校际合作交流，实现学校间的资源互通、共享，走合作、共赢之路。

二、支持联盟模式的选择

支持联盟作为契约式战略联盟，其具体形式多种多样。结合国内外学校联盟的具体实践，根据联盟主体的特性及其合作的广度、深度，将其概括为以下三种模式。

（一）中等职业教育支持联盟模式的基本形式

1. 双向合作模式

双向合作模式通常是指两所学校（或学校与行业、企业）在联合培养、课程开发、联合研究、师资和设备共享、学分互认、产学研一体化等方面进行的协作，通常是一对一或一对多的合作关系。

2. 多元合作模式

多元合作模式是指多所学校、教育机构和行业企业等不同属性成员在多个方面开展横向合作，形成的地区性或国际性的教育、科研网络。

例如，“教师网联”是教育部新的教育振兴行动计划先行实施的重大项目，于2004年11月启动，项目旨在以现代远程教育为突破口，构建以师范院校和其他举办教师教育的高校为主体，以高水平大学为核心的覆盖全国城乡的教师教育网络体系。目前该联盟有8所现代远程教育试点师范大学和中央电大、高等教育出版社等共14个成员单位。截至2009年，“教师网联”充分发挥三网合一的优势，共开展中小学教师非学历培训600余万人次，年均达到100多万人次；同时为广大中小学教师的学历提升服务，“教师网联”院校远程教育毕业生已达百万人。

这里需要指出的是，相比于双向合作联盟一对一或一对多的协作方式，多元合作联盟在合作广度上有优势，但在合作深度上不够。多元合作联盟大多是由政府主导、由项目驱动的，主要由共同的理事会（或董事会、委员会）进行合作的协调，联盟主体之间缺乏直接的合作需求和专门、系统的协调管理机构，因此很难在操作层面进行实质性的合作。

3. 第三虚拟学校模式

第三虚拟学校模式通常是在广泛合作的基础上，在加盟成员外部组建“虚拟”实体，通常是虚拟学校。第三虚拟学校联盟能够跨越不同层级的教育机构开展纵向联合，将不同类型的教育机构、行业、企业等整合在一起，形成“一站式”教育超市，为学习者提供更多的学习机会，促进教育公平。

通过上述分析不难看出，关于学校战略联盟的界定与模式划分不能照搬企业等其他领域的研究成果，其模式和运作形式是多种多样的。模式的划分应当依据相同的标准，否则难以对实践进行理论提升，更难以为实践提供有效指导。

（二）中等职业教育支持联盟模式的构建

中等职业教育支持联盟拟采取在政府主导下的“产学研地”多元合作的模式去努力构建。联盟成员单位之间按照构建原则，一方面要优势互补，全方位地开展合作与相互支持服务，共创双赢；另一方面要整合优质资源，以服务终身教育体系构建和学习型社会建设为重点，携手为经济社会发展服务。

在中等职业教育的系统这一体制中，中等职业教育的各种形式已被国家教育体系融为一体，实际上构成了完整的“中国教育系统”。而“中等职业教育联盟”则明显属于“多元合作模式”，其成员泛指所有的中等职业教育学校，并没有一个主导性的中等职业教育学校存在，是多元主体合作。

建立中等职业教育学校联盟是沈阳区域经济发展的重要支撑，是连接中等职业教育内部体系和外部体系的重要通道。在原来的中等职业教育学校联盟的多种合作模式的基础上，每个中等职业学校可以建立相应的新式合作模式。它是由“地域相近”的中等职业教育学校基于“平等、自愿、互利、共建、共享”的原则而建立的，其目的是为了解决独立一家中等职业教育学校存在的办学能力不足的问题。

三、支持联盟模式选择注意的问题

综观古往今来的各种政治联盟和学校联盟，在促进各方利益的同时，也会导致一定的风险和问题。建设中等职业教育支持联盟，以下几个问题需要特别注意。

第一，联盟建设要以壮大中等职业教育系统为前提。联合社会力量、促进优质教育资源共享，对于大国办好办强教育意义重大。经过多年的努力，中等职业教育系统已成为国家的宝贵教育资源。

中等职业教育支持联盟建设的目标和原则之一，就是改革创新自身的体制机制，维护和调整现存的中等职业教育系统，壮大和发展新的中等职业教育系统，为社会和教育发展作出新的贡献。在建设中等职业教育联盟中，一定要处理好利益和风险的关系，既可以优化配置学校资源，避免对有限资源的浪费和过度竞争，又能够创造一种开放和相互激励的氛围，融合各行业的核心能力，形成聚合效应。

第二，联盟建设要以提高中等职业教育的办学质量为核心。质量是学校生存和发展的生命线。借助联盟的外部支撑，通过制订更加适合于学生学习的学习规则、师资队伍配置标准、课程资源建设标准、教学标准及质量标准，整合社会优质教育资源，积极进行办学模式、培养模式、评价模式和服务模式改革，中等职业教育一定能在满足学习者多样化、个性化学习需求的同时，保证实现高质量的教学任务。

第三，联盟成员要主动参与。中等职业教育联盟本质上是联盟者之间一种自发平等的合作机制，是建立在战略合作伙伴关系基础上的稳定合作，成员之间要树立加强合作、共同发展的理念，抛弃单打独斗的传统观念，整合有效资源，形成优势互补，提升学校实力和社会声誉。认清各自学校的优势与不足，以及彼此的需要和目标，以便在制订战略目标时能从自己和对方的利益出发，综合考虑，整体规划，协同运行，设计合理、可行、具体的合作方案并有效地运行。

第四，联盟建设要注意防范风险。许多学者认为，风险控制和降低风险是联盟的基本原则。联盟目的不同、合作者之间文化差异、未来合作环境变化及联盟成员发展战略转变等都可能导致风险的出现，选择合适的联盟伙伴、制订科学的联盟战略计划、对联盟组织进行有效管理、建立合理的利益分配机制和退出机制，有利于规避风险。

第四节　中等职业教育支持联盟的运行管理模式和实践

中等职业教育支持联盟的建立，只是一种表现形式，而更为重要的是要进一步探讨和研究，如何加强管理和运行。

一、中等职业教育支持联盟建设的组织机构和职能

1. 组织机构

组建中等职业教育支持联盟理事会，全面完成中等职业教育支持联盟的机构建设工作。

中等职业教育支持联盟理事会人员构成，可以考虑以下模式。

支持联盟理事会理事长由主管教育的政府行政领导担任。

支持联盟理事会副理事长由学校党政主要领导和教育主管部门等相关领导担任。

支持联盟理事会理事由签署《中等职业教育支持联盟协议书》的学校支持联盟、行业协会支持联盟、企业支持联盟、城市支持联盟、科研院所支持联盟的相关领导担任。

支持联盟理事会设秘书长一人；副秘书长二人；秘书处成员若干人。

2. 主要职能

（1）对沈阳区域中等职业教育支持联盟建设工作进行指导、监督与宏观管理。

（2）对支持联盟政策及管理办法的制定与出台等工作进行把关、审议。

（3）策划、制定《中等职业教育支持联盟理事会成立大会筹备方案》《中等职业教育支持联盟建设方案》《中等职业教育支持联盟建设实施方案》。

二、中等职业教育支持联盟建设中的市场及政府导向机制

按照《国家中长期教育改革和发展规划纲要（2010—2020年）》的要求，要推动学校创新组织模式，探索学校合作发展机制，学校联盟这样的合作显然有着巨大的现实意义。首先，学校联盟本着共生共赢、协作共进的理念和原则，共享教育、科研、社会关系等组织资源，产生共生共赢效应与积极作用；其次，彼此之间良好的联盟生态关系创造出学校核心价值成长和发展的价值链效应，在人才培养、知识创新、知识转化等方面产生增值的教育及服务社会的功能。

建立健全优势互补、分工合作的区域间中等职业教育支持联盟机制，打破目前存在的区域行政壁垒，让教育资源在更大的范围内自由流动，充分发挥各自优势，释放资源能量，提高资源利用效率，形成优势互补、教育资源要素高效重组的创新分工与合作关系。一是合作双方相互对接。通过合理的体系对接，形成分工协作、优势互补、协同提高的效果。二是构建一批利益共享的联合体，共同研发、整合、转化适用的教育资源，使这些资源在合作双方、合作多方发挥作用，解决教与学、学与用等环节脱节的问题。

健全教育资源的开放、利用市场导向机制，除了用好市场之外，还要重视政府的作用。在这一过程中，政府要大力支持中等职业教育支持联盟的建设和发展，在资金和政策等方面给予大力支持。营造公平教育、终身教育、全民教育的良好环境，发挥好“推手”作用，为中等职业教育支持联盟的建设和发展之树“施肥增养”。

中等职业教育建设必须依托各种社会力量的支持和参与，不断提升办学能力和水平，努力满足政府及全社会构建终身教育体系和学习型社会的需求，积极争取政府的相关政策，与社会行业、企业和各类学校开展广泛的合作。

三、沈阳市城市建设管理学校支持联盟建设实践

自2012年，沈阳市城市建设管理学校开展支持联盟的实践试点工作至今，开展了一系列的支持联盟活动，在教学和实践中发挥了重要作用。学校在探索实践中逐步建立了以校企合作、校校合作、学校与行业合作等的多种联盟形式。

学校是沈阳电梯协会理事单位，同时与惠天热电股份有限公司、青岛海尔集团、华晨金杯股份有限公司、鹏博士电信传媒集团股份有限公司等多家单位签订联合培养协议，共同建立以企业名称冠名的惠天热电班、海尔班、鹏博宽带班等，校企双方共同制订教学计划、课程设置、实训标准，部分企业培训课由企业承担。(协议样本见章后附件)

学校通过这些合作，实现资源共享、优势互补，共同发展，合作模式灵活多样，促进了双方共同发展，达到学校、企业和学生三赢。

从2012年至今，完善了校企合作工作管理办法及一些相关制度。如校企合作项目审批流程、校企合作项目专家评审办法、校企合作工作奖励办法、学生顶岗实习的规章和制度等，并通过多种形式广泛征求相关部门意见，形成了较为成熟的文本。

为学生毕业后尽快适应工作岗位，实现学生在校、企之间的“零过渡”，学校与各企业进行了参观、教学见习、工学交替等方面的合作，让学生对企业有一个感知、认知的过程，为进厂实践的顺利进行提供了稳定的保证。学生前两年在校完成教学计划规定的全部课程后，采用学校推荐与学生自荐的形式，到合作企业进行为期半年的顶岗实习。学校和用人单位共同参与管理，合作教育培养，使学生成为用人单位所需要的合格职业人。

学校校企合作虽然取得一定成绩，但目前的校企合作仍处于浅层次及中层次合作，离深层合作还有一定的距离。在未来的发展中，拟定以下工作思路。

(1) 发挥学校专业师资优势，加强校企合作研发，走“利用专业优势办专业，办好产业促专业”的新思路，使专业建设与产业发展紧密结合。

(2) 共建校外实习基地及就业基地合作，学校根据专业设置和实习教学需求，本着“优势互补，互惠互利”的原则在有发展前景又有合作意向的企业建立多个校外实习实训基地，为学生提供更多的实践岗位。

(3) 校企合作，引企业文化进校园，学校将近年来合作企业的相关文化公示在校企合作文化墙，通过“校企合作文化墙”的展示促进学生对企业先进文化氛围的了解，切实认识到当今现代企业对人才的要求，真正架构一座沟通企业与校园的桥梁。

(4) 增强“双师型”教师的培养方面的合作，共同参与人才的培养，实现资源共享，互派专业人员讲学、企业培训、职业技能培训。

(5) 导引企业进校园，营造教学工厂，共建办学实体，成立股份公司，共建实验实训室和生产车间。

附件：沈阳市城市建设管理学校校企合作协议书样

校企合作协议书

校方：

企业方：

一、合作目标

为实现________________长期规划，为实现______________的发展规划，即为协助企业实现人力结构升级，并促进学校职业教育课程设置贴近市场需求，本着优势互补、平等自愿、互惠双赢、共同发展的原则，建立长期、紧密互动的合作关系。

学校的育人目标是：为企业提供形象好、能力强、有思想、讲忠诚的精品产业技术工人。

企业的用人目标是：五年内补充200~300名合格产业技术工人。

二、合作的方式

1. 校方按企业方的委托招生，组成冠名班，理论课与实训实习交替进行，按企业方的岗位技能标准培养学生，第三学年优先安排学生到企业方顶岗工作。

2. 学校设置对应专业为“　　　　　　　　”。

3. 学校和企业方成立各自的校企合作领导小组、并指定联络员。

4. 在教学、实习等环节，校企双方充分互动，企业方提供奖学金，引入竞争机制鼓励学生努力学习，表彰教工专研教学；校方充分听取企业方的岗位技能需求和建议，调整有关课程设置。

5. 生产性顶岗工作，学生经过专业演练具备一定职业技能，根据企业需要优先到企业方顶岗工作，有关协议另行签订。

三、招生考核和录用

1. 企业方每年12月前预先提出第二年的《定向招生计划书》，校方负责提前进行招生宣传。

2. 学生入学前，企业方来校，和校方共同进行学生的入学测试。通过测试的学生与企业签订《就业意向协议书》。

3. 学生在学习期间须遵守学生守则和冠名班规则。校方负责对学生的日常管理，企业方也可以定期检查。对出现严重违规的学生，企业方可以根据《就业意向协议书》的条款终止其就业意向协议。

4. 企业方对学生的实际操作课程按岗位技能标准考核，对确实无法达到基本要求的学生，企业方可以根据《就业意向协议书》的条款终止其就业意向协议。

5. 企业方优先录用合格毕业生，可在录用合同中明确服务期限。学生毕业不与企业方签订录用合同的，须按《就业意向协议书》的有关条款，退还企业方已经支付的助学费用。

四、校方权利义务

1. 校方负责组织招生、注册学籍、办理毕业证书。

2. 校方提醒企业方与学生签订《就业意向协议书》。

3. 校方负责教学管理，组织对学生考试评比。

4. 校方负责组织学生参加职业资格证考试。

5. 校方负责设置冠名班，按冠名规则管理学生。

6. 校方负责设置冠名校内实训车间。

7. 校方负责组织学生到企业现场实习演练。

（1）在学生实习演练期间、校方配备教师加强学生的管理教育，关心学生的生活，负责学生的安全，了解学生的学习和品德状况，发现问题，应及时与企业协商解决。

（2）做好企业方相关人员的交接工作，包括学生上下班人数的清点，并在学生交接单上签字。学生因事请假，必须要经过学校的指导教师的同意、签字后才能准假。在实习期间学生发生的一切安全事件与安全责任事故均由校方承担。

（3）在实习期间，校方应参加校园保险，对实习生实习期发生的一切安全事故负责，企业方不承担任何费用及责任。

8. 根据岗位的市场需要，企业方提出课程设置的创新意见，经双方书面确认，校方应于下学期课程科目设置中予以变动。

9. 校方配合企业方检查学生学习成果。

10. 校方负责向企业方优先提供顶岗工作团队。

五、企业方权利义务

1. 企业方负责每年提供《定向招生计划书》并出台相关工种的岗位技能标准。

2. 企业方应履行对学生入学面试并签订《就业意向协议书》。

3. 企业方负责设置冠名的校企合作培训基地：提供培训教室、实习场地，供学生实习演练。

（1）企业方提供实习期间必须的技术资料、必要的劳动工具原材料和劳保用品。

（2）企业方根据校方的实习任务和实习计划，推荐有经验的优秀技术人员担任实习指导教师，传授实际工作技能和操作技术。

（3）实习结束前，实习生应向企业提供实习总结、学习鉴定表等实习材料，实习期满后企业根据实习生实习期的表现，作出书面鉴定，并提供给校方。

（4）实习生实习演练期间生产的产品及专利归企业方所有，并且不给予任何奖励与奖金等费用。

（5）企业方对于实习学生不承担实习费及其他费用。

4. 校方在学校内设置企业冠名的实训车间，企业方负责提供高级技师担任客座教授，并辅助必要的材料设备支持。

5. 企业方要配合校方教学互动，对冠名班学生的时间科目或顶岗实习业绩进行打分考核。

6. 企业方可以定期到校与冠名班学生见面，检查学生学习成果。

7. 根据岗位的市场需要，企业方可以提出课程设置的创新意见，经双方书面确认，校方于下学期课程科目设置中予以变动。

8. 企业方提供适当的奖学金。按学生成绩排名，成绩优秀者，企业方发给不同等级奖学金。

9. 签订就业意向协议书的学生，学习成绩合格并达到企业方岗位技能标准，毕业时企业优先录用，服务期限由招工录用合同约定。

六、其他事项

1. 本协议未尽事宜，双方协商解决或签订相关补充协议。

2. 本协议期限为三年，自　　年　月　日至　　年　月　日止有效届满，本协议自动解除。

3. 本协议到期前一个月，经双方协商一致，可以续签。

4. 本协议一式四份：校方和企业各执两份，自双方签字之日起生效。

校方：　　　　　　　　　　　　企业方：

法人代表：　　　　　　　　　　法人代表：

年　月　日　　　　　　　　　　年　月　日

第九章　中等职业教育第二课堂建设

我国中等职业教育在促进国民素质提升中发挥了重要作用，开创了许多中等职业教育教学模式。但是在中等职业教育中第二课堂的理论与实践相对少一些，而第二课堂是搞好中等职业教育，加强学生管理，提高学生素质的重要渠道。本章重点论述中等职业教育第二课堂的含义与特征，分析第二课堂在中等职业教育中的重要作用，阐明中等职业教育第二课堂的内容与形式，论述中等职业教育第二课堂建设的实施方案和具体措施，最后列举沈阳市城市建设管理学校第二课堂活动实例。

第一节　中等职业教育第二课堂的基本理论

随着素质教育的开展，第二课堂被越来越多的人重视。尤其是在中等职业教育中，第二课堂有着其不可替代的作用。第二课堂已经成为推进素质教育、促进创新性实践型人才培养模式和实现教育目标的重要手段和途径。

一、第二课堂的含义

第二课堂是相对于师生面对面在教室里上课的第一课堂而言，第二课堂在教育教学中使用广泛，但是在学术界没有统一权威的明确的定义。总结归纳起来对于第二课堂的认识主要有以下几种观点。

（1）我国《新词语大词典》中解释：第二课堂也称第二渠道，是针对课堂教学而言的。指在课堂教学以外的时间，学生在教师或家长指导下所进行的旨在加深基础知识，扩大知识领域，开扩视野，发展科技、文体、艺术等方面的兴趣和才能，培养独立工作和创造的能力，提高思想品德水平的一切教育活动。

（2）1983 年，我国著名教育家朱九思等在《高等学校管理》一书中率先提出了第二课堂的概念，书中指出：第二课堂是在教学计划之外，引导和组织学生开展的各种有意义的健康的课外活动。这个课堂的活动包括：政治性的、学术性的、知识性的、健身性的、娱乐性的、公益性的（或叫服务性的）、有酬性的活动等。

（3）第二课堂是相对课堂教学而言的。如果说依据教材及教学大纲，在规定的教学时间里进行的课堂教学活动称为第一课堂的话，那么第二课堂就是指在第一课堂外的时间进行的与第一课堂相关的教学活动，第一课堂好比“规定动作”，第二课堂好比“自选动作”。

（4）国外没有明确的第二课堂的概念，他们的社团活动类似我国的第二课堂，社团活动在国外被看成大学教育的最重要部分。密西根大学前校长杜德斯达（Duderstadt）说：“当校友们被问及真正的大学教育是什么，他们几乎从未提到过课程，这些东西在期末和毕业以后很快就消失了。相反，他们记得的是参加过的社团，所遇到的老师和同学以及他们所结交的友谊。”由此可见，社团活动在美国大学教育中发挥着非常重要的作用。

综上所述，第二课堂是指学校在课堂教学任务以外有目的、有计划、有组织地对学生进行多种多样的教育活动，是第一课堂重要的、有益的补充。中等职业教育第二课堂是指在课堂教学任务以外的有目的、有计划、有组织地对学生进行多种多样的教育活动。

二、中等职业教育第二课堂的特征

（一）第二课堂一般性质的特征

第二课堂一般性质的特征主要包括如下。

（1）导向性。一般是指引导事情向某个方面发展的特性。第二课堂开展的各项活动都具有活动定位清晰、活动目标明确的特点，通过这些活动，学生自觉自动地接受活动组织者预设的目标，达到素质提高的目的。

（2）广泛性。是指涉及的方面广、范围大、普遍。这里指第二课堂活动内容广泛，能够不受大纲、教材、时间和空间的限制。只要有利于学生的身心健康，符合教学规律的活动，都可以作为第二课堂的内容。

（3）多样性。多样性与单一性相对立，是指事物多种多样，而不是一种表现形式。这里指第二课堂活动形式的多样性，生动活泼，资料丰富多彩。通过采取多种形式的活动，极大地激发参与者的热情，充分调动他们的积极性、主动性，实现第二课堂的教学目的。

（4）自主性。是行为主体按自己意愿行事的动机、能力或特性，是一个哲学、政治学、伦理学、法学等多个学科领域都涉及的论题，不同的领域赋予了这一论题不尽相同的内涵。“行为主体”包括：生物个体、群体、组织等；“按自己意愿行事”包括：自由表达意志，独立做出决定，自行推进行动的进程等。第二课堂活动通常是学生自主选择，自动参加，他们选择自己喜欢的活动项目，这样更能真正体现出第二课堂活动的内部驱动力，真正发挥学生的主体作用、强化学生的主体地位，从而实现学生受动性与能动性的统一。

（5）实践性。是指人们在进行创造性思维的过程中，必须参与实践，必须在实践中促进思维能力的进一步发展，在实践中检验思维成果的正确性。在第二课堂的活动中，很多的活动要学生自我设计、自我动手、自我检验，能够促使学生把动手与动脑、实践与探索、领悟与创造等密切结合起来，体现了第二课堂的实践性。

（6）模糊性。是指由于事物类属划分的不分明而引起的判断上的不确定性。这里指在第二课堂活动中专业界限的模糊性。第二课堂不规定参与者的专业资格，具有某种爱好或特长的学生，可以打破院系、班级的界限，从而实现文理互通、思维交集，有利于学生开拓视野，互相学习，取长补短。

（二）中等职业教育第二课堂的自身特征

作为中等职业教育第二课堂除了具有普遍意义特征外，还有其自身特征。

1. 学生主体的特殊性

中等职业教育学生基本是中学毕业生，与普通中小学、普通大学和成人教育都不同。他们都有自己的活动范围（中学时结成的小团体），面临很强的“团队”矛盾。因此在开展第二课堂活动时，首先要考虑的是学生能不能参加，有多少人参加，怎样能够让更多的人参加。只有这些问题都解决了，开展第二课堂的活动才有意义和效果。

（1）我国中等职业教育的学生的特征。

第一，对教师有很强的依赖性。他们不习惯自学，大多数不善于安排自己的学习任务，不喜欢一个人独立学习，离开教师，他们不知道学什么、怎么学，听教师的话成为他们的习惯。因此在学习上对教师有很强的依赖性。

第二，习惯死记硬背。由于从小养成的死记硬背的习惯，进入中等职业教育学习后，也不愿意花费太多的时间精力去探索问题，更喜欢得到统一的、能够得高分的答案。这种惰性的学习、思维习惯，使学生在学习过程中是被动的。

第三，习惯教师面授的教学方式。以教师为主体的“教”的讲解式教学在中国根深蒂固，学生被动地接受和学习。他们不愿意离开教室，不愿意离开教师。

（2）中等职业教育与普通中小学、普通大学和成人教育不同之处。

第一，学习的专业对学习活动具有较大影响。在学习活动中，中等职业教育学习者根据将来要从事的工作实际需求，将已有的经验与新知识、新经验有机地结合在一起，使他们的学习更具有针对性。

第二，学习自主性较强。在中等职业教育学习活动中，他们的自主性和独立性较大，可以自主选择学习内容，做出相应的学习计划。

（3）中等职业教育学生遇到的困难。学生问题复杂多样，根据学校学生在学习中的表现，笔者认为中等职业教育学生在学习中遇到的困难主要包括以下几个方面。

第一，对学习缺乏兴趣，自觉性和主动性较弱。中等职业教育招生条件发生变化以后，中等职业教育学生结构发生较大变化。学生素质参差不齐，有相当一部分学生连升高中的勇气都没有，甚至有些初中未毕业就提前离开了学校。他们的基础知识相对薄弱，认知水平较低，接受能力比较差。在一般学生看起来比较简单的问题，在这些学生看起来都是难题。需要教师反反复复解释、举例子，才能有所领悟。由于成绩较差，信心不足，在学习上自觉性和主动性较弱，离开教师的指导就会不知所措，他们有较大的依赖性。

第二，存在一定的自卑感，行动退缩。中等职业教育的学生来自特殊家庭的比例呈逐年上升的趋势，他们原本在学习、心理、性格、秉性等方面就存在诸多问题，面对新的环境和新的学习要求，容易产生自卑感。尤其是学习成绩较差的学生，由于学习基础薄弱，成绩不好，从小学到初中都得不到教师和同学的重视、认可。得到的总是批评、斥责、伤害和排挤。逐渐远离教师，对学习失去信心。在行为和思想上表现为自尊的下降，有比较强烈的失败感。表现为学习消极，不愿付出，不愿做出努力。这些学生自认为不如其他学生，不愿意与其他人接触，不爱在教师面前表现自己，不愿意参加第二课堂活动。

第三，有时自我封闭，不愿意参加社交活动。除了家庭条件比较好和学习成绩优良的学生以外，有的学生在不同程度上会有自我封闭倾向，不愿意参加社交活动的表现。尤其是部分学习困难学生和大多数贫困生，由于家庭及个人原因，害怕交往给家庭及自己带来经济上的负担，因而不愿意和其他同学及老师交往，也不愿意让别人知道自己的处境，封闭自己，不愿意与其他人沟通，不愿意参加第二课堂活动、集体活动。有可能造成交往能力与人才培养目标相差甚远的后果。

第四，存在情绪激烈，容易走极端。中等职业教育的学生，存在诸多矛盾心理和行为，表现在自我评价方面，有时盲目自大，以自我为中心；有时自暴自弃，丧失信心，悲观消极；有时对周围充满矛盾，既希望被其他人理解，又对集体避而远之；有时争强好胜，有时又过度自卑，在遇到烦心事时，容易一触即发。表现十分激烈，行为容易走向极端。

2. 较强的活动目的性

由于中等职业教育学生区别于普通中小学、普通大学和成人教育的学生，他们有自己的学习目的和将来的工作、生活目标，因此他们来参加中等职业教育学习目的性更加明确，主要有以下三点。

（1）取得学历证书。取得学历证书是每个中等职业教育学生学习的第一个目的，这是与其他中小学生、甚至大学生最明显的不同。中小学生学习目的是德智体美劳全面发展，大学生主要是提高自己各方面的能力，使自己尽快适应社会，为自己就业打基础，拿到毕业证书是他们学习过程合格的证明。而中等职业教育学生他们大部分没有获取大学毕业证书的机会和意愿，他们获取中等职业教育证书与将来所从事的工作要求应该尽量保持一致，他们来到中等职业教育学校学习的第一目的是得到学历证书。因此，在开展第二课堂活动的时候首先要考虑学生的这一需求。

（2）提高专业水平和专业能力。如果说取得证书是中等职业教育学生的第一需求，那么提高专业水平和专业能力也是他们所迫切期望的。学历证书是他们找工作、就业的敲门砖，但是真正能够使他们在工作中如鱼得水、大展宏图的是他们的专业能力和水平。中等职业教育学生的学习目的是在取得学历证书的前提下，能够尽可能多地增长自己的各方面能力，以便使自己得到更好的发展。因此，开展第二课堂活动要紧紧围绕专业进行，使学生的专业水平和专业能力不断提高。

（3）扩大社交范围。中等职业教育的学生大多数没有经历过正规的中等教育，因此，在他们的社交圈中缺少很重要的一部分人群——中等教育同学。他们也想通过中等职业教育这种学习方式拥有同学，扩大自己的社交范围。中等职业教育阶段的生活是人生中最绚烂、最迷人的人生经历，中等职业教育的同学又是人生社交圈中重要的组成部分。因此，开展丰富多彩、有吸引力的第二课堂活动能够帮助学生增进友谊，实现自己的愿望。

开展第二课堂活动要紧紧围绕这三个目的，才能吸引学生积极参与，才能充分发挥第二课堂的作用。

3. 活动内容的多样性、形式的灵活性

第二课堂的活动内容是非常多的，包括政治的、文化的、思想的等，形式也是多种多样，但是，中等职业教育第二课堂的活动内容与其他教育形式又有许多不同，每名学生都要寻找不同的工作岗位，都要有一技之长。在开展第二课堂活动时完全可以结合学生的将来工作进行，既有专业的针对性，又有对所有学生的示范性、启发性。如果把各个专业的优秀学员组织起来，向他们学习，第二课堂的内容就会更加丰富，形式更加灵活、多样。

三、中等职业教育第二课堂的作用

（一）第二课堂一般意义上的作用

1. 有利于学生良好人格的塑造

人格一词在生活中有多种含义。有道德上的人格，它指一个人的品德和操守；有法律意义上的人格，它指享有法律地位的人；有文学意义上的人格，它指人物心理的独特性和典型性。在心理学上，由于心理学家各自的研究取向不同，对人格的看法也有很大差异。人格是构成一个人的思想、情感及行为的特有统合模式，这个独特模式包含了一个人区别于他人的、稳定而统一的心理品质。是个人在一定社会中的地位和作用的统一；是个人做人的尊严、价值和品格的总和。

在现在的学生中，无论是中等职业教育学生、大学生还是中小学生，独生子女居多，如何培养他们良好的性格、气质、品德、品质、信仰、心智及由此形成的尊严和魅力是学校教育所承载的任务。因此，除了教授他们科学文化知识，还要培养他们形成健康的人格。通过丰富多彩的第二课堂活动使学生树立正确的世界观、人生观和价值观。使他们在品行、德育、意志、知行、礼数、社交等方面得到全面提高和锻炼。

2. 有利于学生知识结构的完善

在中国，为了高考的需要，也由于学生本身的精力所局限，许多学校在高中阶段便文、理分科进行教学。进入大学后，各专业按班级授课的第一堂课，不管教学方法和教学内容如何改革，它的宗旨总是按照某个专业的教学大纲来设置基础课、专业基础课和专业课，这些课程的具体的实践环节，如实习、设计、考察等，也必须围绕专业要求进行。致使许多理工科学生不通文史，而有的文科生不会写简单的化学分子式，甚至连处于边缘学科的各专业，也互不相通。这样，学生在第一课堂所获得的知识，难以超越本专业的狭隘界限，更难以容纳相关学科的内容。一个人能否在某一学科或某一领域有所建树，除了本人的天才条件（一般指智商、能力、身体素质、心理品格）及外部条件（机遇、偶然的触发）以外，一个主要的因素，即本人能否有一个完整的、科学的、合理的知识结构体系，而想要建立起一个理想的知识结构，单靠第一课堂所设置的课程是难以完成的。因此开展知识性的第二课堂，可以使学生克服在知识结构上存在的基础薄弱、视野狭窄的缺陷。在第二课堂中，中等职业教育学生可以广泛地接触纵向的和横向的学科知识。使学生们掌握较多的相邻学科知识，为他们从事不同学科领域的综合性研究奠定良好的基础。

3. 有助于培养学生的社会适应能力

社会在不断发展进步，学生如果不了解社会的需要，不了解在社会主义市场经济体制下必然产生的、复杂的社会现象，他们就不能尽快地适应社会。大力开展第二课堂的活动，是促使学生联系社会的有效方式，让学生投身到火热的社会生活中，掌握市场经济的形势和特点，自然地萌发竞争意识并逐步地增强竞争能力，以适应社会主义市场经济发展的需要。另外，中等职业教育第二课堂，绝大多数是由学生自己组织的集体活动，在这样的活动中，既能培养学生的组织能力、合作能力，又能培养学生的领导能力。而各种能力的形成与提高，对于学生胜任各类工作有着重要的作用。

4. 有利于学生和谐人际关系的建立

学校是一个半开放型的社会，在这个环境中，处于同一年龄段的青年学生思维活跃，社会交往的愿望强烈，第二课堂活动正好适应了学生的这个需求。正是因为有了第二课堂活动这个平台，也为学生培养良好的人际交往能力创造了有利的条件。

（二）中等职业教育第二课堂的作用

1. 第二课堂是第一课堂的有机延伸

有机原指与生物体有关的或从生物体来的化合物，如：有机玻璃，有机化学。指事物构成的各部分互相关连，具有不可分的统一性。王力的《龙虫并雕斋文集·逻辑和语言》：“思维和语言是有机地联系着的，不可分割的。”延伸是指在宽度、大小、范围上向外延长、伸展。这一变化既可用在客观事物上，也可用于抽象的诸多话题上。有机延伸在这里是指第二课堂与第一课堂是互相关连，具有不可分的统一性，第二课堂是第一课堂的延长。课堂教学作为最基本、最普遍的教学形式，有利于教师在同一时间、同一地点对众多学生进行同步教学，大大提高教学的组织性、科学性和有效性。但是其难以发挥学生主动性、创造性，难以将理论与实践有机结合的弊端也不容忽视。尤其是中等职业教育，它的第一课堂教学形式主要是面授教学和教学辅导，而这两种形式的教学课时必须按照教学计划进行，其余的要求学生自主学习。因此学员在学习过程中会遇到一些困难，这时候可以通过建立、开展全方位有特色的第二课堂活动补充课堂教学的不足。

2. 第二课堂是学习支持服务的重要渠道

渠道通常指水渠、沟渠，是水流的通道。这里是说第二课堂活动是实现对学生学习支持服务的一种方法、手段，是其中的一个通道。中等职业教育的学习支持服务是以学生为本，向学生提供有助于其持续学习，保证其达到学习目标的各种学习帮助服务。第二课堂是学习支持服务的重要渠道，可以通过开展各种活动帮助学生增强学习信心和能力，在学生之间形成互助的团队精神和良好的学习氛围。

3. 第二课堂是实现学生个性化培养目标的手段

个性化，顾名思义，就是非一般大众化的东西。在大众化的基础上增加独特、另类、拥有自己特质的需要，独具一格，别开生面，打造一种与众不同的效果。个性化教育理念倡导以人为本、因材施教，与素质教育相辅相成的科学教育观念。第一课堂教学是以班级为单位，有一定的学生人数，教师考虑的是整体学生的学习情况，只要大部分学生能够跟上学习进度，教师就视为完成教学任务。它为学生传授较为系统的理论知识，使学员对专业知识有共同的理解，不能够更好地对学生进行个性化培养。第二课堂主要从学生的需要出发，充分调动其主观能动性，培养学生独立思考和创造性思维。从简单的层面来说，独立思考就是遇到问题自己找答案，不要找别人要答案。从深的层面来说，独立思考指的是一种洞察力思维，是用一种全新的、理性的、洞察的视角去发现问题。抛开了已有答案，才有真正意义的独立思考，这种思考就是一种洞察力的思考，是一种透过现象看本质的思考。创造性思维，是一种具有开创意义的思维活动，即开拓人类认识新领域、开创人类认识新成果的思维活动。创造性思维是以感知、记忆、思考、联想、理解等能力为基础，以综合性、探索性和求新性为特征的高级心理活动，需要人们付出艰苦的脑力劳动。一项创造性思维成果往往要经过长期的探索、刻苦的钻研、甚至多次的挫折方能取得，而创造性思维能力也要经过长期的知识积累、素质磨砺才能具备，至于创造性思维的过程，则离不开繁多的推理、想象、联想、直觉等思维活动。这些都能够在第二课堂的活动中得到锻炼，从而实现学生个性化的培养目标。

4. 第二课堂是全面提升学生综合素质的有效措施

综合素质是指人们自身所具有各种生理的、心理的和外部形态方面及内部涵养方面比较稳定的特点的总称。它大体包括身体素质、心理素质、外在素质、文化素质、专业素质等五大块。清华大学教授、中科院院士朱邦芬说过“一流人才不是老师从课堂教出来的”，一流的人才不但需要有坚实的理论知识，也要求具备较强的实践能力。学生实践能力强弱是人才质量高低的直接表现。中等职业教育第二课堂建设要以提高学生实践能力为目标，通过在第二课堂中的训练和实践，使学生能够利用所学知识分析问题、解决问题，全面提升学生综合素质。

5. 第二课堂是学员之间、师生之间感情交流的重要纽带

纽带，是指起到联系作用的东西，它具有一个“线状”的意义。根据前面提到的中等职业教育学生在学习中遇到的困难表现，学生之间很难建立深厚的同学情，感受不到同学团队的氛围，对学习缺乏兴趣，自觉性和主动性较弱，存在一定的自卑感，行动退缩，有时自我封闭，不愿意参加社交活动，存在情绪激烈、容易走极端的情况，可以通过开展丰富多样的第二课堂活动，给学生创造条件，增加交流的机会，增进同学感情，解决以上问题。

总之，中等职业教育第二课堂的开展既有优势，也有困难。要结合中等职业教育的特点，充分发挥优势，使第二课堂成为中等职业教育的有益补充。

第二节　中等职业教育第二课堂的内容与形式

第二课堂活动是第一课堂的有效补充、延伸，通过开展内容丰富、形式多样的第二课堂活动，可以更好地为实现学生培养目标服务。

一、中等职业教育第二课堂的内容

《汉语大词典》里对内容的解释有三种：第一，物件里面所包容的东西。鲁迅《而已集·再谈香港》：“检查员的脸是青色的……他只将箱子的内容倒出，翻搅一通。”郭沫若《北伐途次》二二：“那个钱包是皮制的，已经很旧了，当着众人面前我替他打开来，从那里面取出的内容是：——两个铜板和两张当票。”第二，事物内部所含的实质或意义。丁玲《韦护》第二章四：“他一天天的感出这些文学巨著内容的伟大。”第三，哲学名词。指事物内在因素的总和。与形式相对。世界上任何事物没有无形式的内容，也没有无内容的形式。内容决定形式，形式依赖内容，并随着内容的发展而改变。但形式又反作用于内容，影响内容，在一定条件下还可以对内容的发展起有力的促进作用。内容和形式是辩证的统一。

（一）第二课堂的内容

一般讲第二课堂的内容涵盖了思想品德、文学素养、科技创新能力、实践动手能力、社会适应能力等五个方面。

（1）思想品德。通过专题讲座等方式，加强理论宣传，积极开展党的路线方针政策的第二课堂教育，提高学生的思想道德品德。

（2）文学素养。通过丰富多彩的文体活动，培养学生团结、协作、友爱、奉献等高尚情操，活跃校园文化，提升校园文化内涵，如朗诵、演讲、志愿者服务、体育比赛等，吸引学生参加。运用网络，倡导主流文化，传播积极向上的各种文化。

（3）科技创新能力。通过创办特色科技活动，引导学生参与，提高学生的科技创新能力。

（4）实践动手能力。通过建立实践基地和各种实验技能大赛，提高实践动手能力。

（5）社会适应能力。让学生深入工厂、企业，以就业创业为契机，搭建起与社会沟通的桥梁，培养学生的社会适应能力。

（二）中等职业教育第二课堂的主要内容

1. 中等职业教育第二课堂内容选择的原则

第一，普遍性原则。是指在法律和道德内具有法律合法性的行动，而这些原则和规则管理人类的行为在人们的可接受及适用性概念是最普遍的，因此被认为是最合法的。中等职业教育第二课堂内容的选择首先要遵循普遍性原则，就是大家普遍愿意参加的、反应好的第二课堂的活动。

第二，专业性原则。专业是指：① 专门从事某种学业或职业。② 专门的学问。③ 高等学校或中等专业学校所分的学业门类。④ 产业部门的各业务部分。⑤ 对一种物质了解得非常透彻的程度。中等职业教育第二课堂活动内容要以围绕专业教育为主，满足学生对专业知识的需求。中等职业教育第二课堂活动内容的安排是一门科学，也是一门艺术。围绕学生所学专业来组织第二课堂，让学员通过丰富多彩的第二课堂活动，加深对所学专业的认识，巩固所学知识。要充分利用学员自身条件与优势，提高动手操作能力。例如机械加工、数控等专业，可以按照要求亲手操作；汽车专业的学员同样也可以到汽车检测与维修车间开展活动；计算机专业的学员可以成立维修小组，实际组装与维修。

第三，趣味性原则。是指使人感到愉快，能引起兴趣的特性。第二课堂内容的选择要有趣味性，避免枯燥、单调，要丰富多彩、生动有趣，使学生愿意参加并乐在其中。

第四，结交性（友谊性）原则。中等职业教育的学生可以通过第二课堂，增加更多的相互了解、相互沟通交流的时间和机会。因此，第二课堂活动内容的选择要考虑学生相互交往结识的需求。

第五，补充性原则。补充是一个人对另外一个人所提出的观点进行又一部分的说明和解释。第二课堂是第一课堂的补充，担负着第一课堂没有完成或不能完成的教学任务。所以在内容的选择上要注重其补充性。

2. 中等职业教育第二课堂主要内容

中等职业教育第二课堂的主要内容包括学科知识方面的，也包括非学科方面的。既可以开展学生课余理论学习，提高学生们的理论修养，又可以参加社会实践，在实践中提高对理论的认识；既可以开展丰富多彩的文艺活动，让学生们参与其中，进行艺术实践，又可以举办高水平演出、讲座等，体会高雅艺术和讲座的魅力；既可以开展学生创新创业实践，又可以组织各类学生社团。

总体可归纳为以下六个方面。

（1）思想政治与道德修养。思想道德修养的内涵是人们通过自省、自律等方式，不断提高思想道德认识、思想道德判断水平，陶冶思想道德情感，养成良好行为习惯，形成正确的世界观、人生观、价值观，树立崇高理想，就是思想道德修养。宗旨和主要任务是：“三个代表”重要思想和《公民道德建设实施纲要》精神；以为人民服务为核心、以集体主义为原则的社会主义道德和公民道德教育；恳想道德水平和道德评价能力，培养高尚的理想情操和良好的道德品质；树立马克思主义的世界观、人生观和价值观、道德观、成才观，确立共产主义远大理想和马克思主义信念，做“有理想、有道德、有文化、有纪律”的社会主义事业建设者和接班人。

中等职业教育可以以演讲、讨论、参观等形式开展丰富多彩的第二课堂活动，运用所学到的知识为社会提供各种服务。在这些活动中，激发学生的爱国之情，增强学生的社会责任感，使他们勇于担当，勇于进步，讲诚信，自觉抵制社会上的利己主义、享乐主义、拜金主义。使学生明辨是非，树立正确的荣辱观，为社会发展服务，为社会主义现代化建设服务。

（2）学术科技与创新创业。学术，是指系统专门的学问，泛指高等教育和研究，是对存在物及其规律的学科化论证。科技即科学技术。二者既有密切联系又有区别。科学解决理论问题，技术解决实际问题。科学要解决的问题，是发现自然界中确凿的事实与现象之间的关系，并建立理论把事实与现象联系起来；技术的任务则是把科学的成果应用到实际问题中去。科学主要是和未知的领域打交道，其进展，尤其是重大的突破，是难以预料的；技术是在相对成熟的领域内工作，可以做比较准确的规划。创新是指以现有的思维模式提出有别于常规或常人思路的见解为导向，利用现有的知识和物质，在特定的环境中，本着理想化需要或为满足社会需求，而改进或创造新的事物、方法、元素、路径、环境，并能获得一定有益效果的行为。创新是以新思维、新发明和新描述为特征的一种概念化过程。创业是创业者对自己拥有的资源或通过努力能够拥有的资源进行优化整合，从而创造出更大经济或社会价值的过程。第二课堂活动内容要紧紧围绕学生所学专业，结合他们的工作经验，进行学术研究，进行科技创新，使之变成生产力。甚至可以通过开展第二课堂活动，发现新的经济增长点，可以实现学生的创业梦想。

（3）社会实践与志愿服务。社会实践即假期实习或是在校外实习。对于在校学生具有加深对本专业的了解、确认适合的职业、为向职场过渡做准备、增强就业竞争优势等多方面意义。学生可以选择做义工、支教、支农，既锻炼了能力，又奉献了爱心；更多学生则是倾向于选择和专业相关的单位实习，在中小学也有在实践基地或军训基地的活动，也称“社会实践”，主要是对于陶艺、手工、电脑、户外拓展等进行训练。学生参加社会实践，了解社会、认识国情，增长才干、奉献社会，锻炼毅力、培养品格，对于加深对邓小平理论和“三个代表”重要思想的理解，深化对党的路线方针政策的认识，坚定在中国共产党领导下，走中国特色社会主义道路，实现中华民族伟大复兴的共同理想和信念，增强历史使命感和社会责任感，具有不可替代的重要作用，对于培养中国特色社会主义事业的合格建设者和可靠接班人具有极其重要的意义。同时对于加强自身独立性也有十分重大的意义。

（4）文化修养与身心健康。文化是人文文化与科技文化各学科的总和。所谓“修”，乃吸取、学习，为的是打下知识体系的基础。所谓“养”，是在“修”得的知识基础之上的提炼、批判、反思乃至升华。文化修养的提升需要实践的锤炼。文化修养是在人们认识、改造自然和社会的过程中逐步产生和发展起来的。文化修养的提升需要依托物质载体。只有在意识到知识储备匮乏的同时，借助参加文体活动，读书特别是经典型的书籍，多阅读浏览新闻来增加社会阅历，才能提高文化修养。可以开展读书活动月、读名著体会及文学知识大赛等活动，使学生多看书、多思考，培养学生文化气质。身心健康是指健康的身体和健康的心理。世界卫生组织对健康的定义：身体、心理及对社会适应的良好状态。如何保持身心健康：第一，树立明确的生活目标。斯大林说：“只有伟大的目标，才能产生伟大的毅力”。目标是灯塔，目标是旗帜，一个人如果没有生活的目标，就只能在人生的征途上徘徊，永远达不到理想的彼岸。第二，凡事宽以待人。明确目标，追求人生成功，纵然是获得健康的要素，但伸出援助之手，宽以待人，携手共进，却是人永远年轻、健康、快乐的“添加剂”。播种什么，就收获什么。宽宏大量，无私助人，通常会得到一些意想不到的珍贵回赠。第三，养成良好的生活习惯。我国上古时代的奇书《黄帝内经》上说：“上古之人，其知道者，法于阴阳，和于术数，食饮有节，起居有常，不妄作劳，故能形与神俱，而尽终其天年，度百岁乃去。”这里特别强调了饮食有节，起居有常，要求人们养成良好的生活习惯。良好生活习惯会使人终生受益，其中对健康的价值更是不可低估。第四，要有合理的营养构成。第五，保持青春活力的秘诀在于运动。科学研究结果表明，通过体育活动可以促使头脑清醒，思维敏捷。由于肌肉活动时需氧量增加，呼吸加速、加深，这就促进了肺及其周围肌肉、韧带的发展和功能的提高；运动还可以使骨骼、肌肉结实有力。第六，必不可少的业余爱好。现代生活既紧张又繁忙，在繁忙和紧张的学习、工作和生活之余，找一个安静理想之地，从事一些自己感兴趣的事作为业余消遣活动，这对于调养心情、消除疲劳是很有好处的。如练练书法、玩玩乐器、画画、集邮、下围棋、象棋、搞点摄影、小制作等，都是增进健康的理想项目，可根据自己的兴趣选择和培养。一旦认定，就要坚持下去，使它成为自己真正的兴趣爱好，并尽可能争取有新造诣。第七，塑造幽默乐天的性格。“幽默是日常生活愉快的添加剂，幽默是生活波涛中的救生圈。”

（5）社团活动与社会工作。社团是具有某些共同特征的人相聚而成的互益组织。其社会功能包括：满足其成员发展的需要，包括知识技能的增长、社会交往、社会承认及获得新的发展途径等；维护成员权益，包括对个人利益及群体利益的维护；参政议政；政府助手，担负着对各自社会成分的管理职能；经济参与，承担经济信息的沟通、开展生产活动、参与市场活动等；参与社会公益活动。社会工作是一种帮助人和解决社会问题的工作。它帮助社会上的贫困者、老弱者、身心残障者和其他不幸者；预防和解决部分经济困难或生活方式不良而造成的社会问题；开展社区服务，完善社会功能，提高社会福利水平和社会生活素质，实现个人和社会的和谐一致，促进社会的稳定与发展。在我国，社会工作不仅包括社会福利、社会保险和社会服务，还包括移风易俗等社会改造方面的工作。

（6）职业资格与技能培训。职业资格是对从事某一职业所必备的学识、技术和能力的基本要求。职业资格包括从业资格和执业资格。从业资格是指从事某一专业（工种）的学识、技术和能力的起点标准。执业资格是指政府对某些责任较大、社会通用性强、关系公共利益的专业（工种）实行准入控制，是依法独立开业或从事某一特定专业（工种）学识、技术和能力的必备标准。职业资格分别由国务院劳动、人事行政部门通过学历认定、资格考试、专家评定、职业技能鉴定等方式进行评价，对合格者授予国家职业资格证书。从业资格通过学历认定或考试取得，执业资格通过考试取得。技能培训是为了增强市场就业竞争力，由技能培训机构开展的。通过技能考核，可以得到国家认可的技能证书。和学历教育有些不同，学历教育侧重综合素质的提高，而技能培训注重某项技能的提高。如电脑技能培训、软件开发技能培训、汽修技能培训、厨师技能培训。

二、中等职业教育第二课堂的形式

形式主要包括以下三种解释：第一，外形。第二，相对外形而言，指事物内容的组织结构和表现方式。朱自清《中国歌谣·歌谣的修辞》：“大约拟人是先有的形式，拟物则系转变，已是艺术的关系多了。”毛泽东《关于正确处理人民内部矛盾的问题》八：“艺术上不同的形式和风格可以自由发展。”第三，形式指事物内在要素的结构或表现方式。同一种内容在不同条件下可以采取不同的形式，同一种形式在不同条件下可以体现不同的内容。内容与形式互相联系、互相制约。

（一）第二课堂的形式

第二课堂的形式多种多样，概括起来大致有以下几种。

（1）学术研究型。对口专业学习，开展对专业学习生活中碰到的问题和现实中发生的与专业学习有关问题的讨论研究，以加深对专业知识的理解，这是第二课堂的主要形式。如各种各样的专业学习兴趣选择和学术性系列讲座和科技报告。这些学术型的第二课堂形式，使学生们的课余生活充满了学术气氛。

（2）文学艺术型。如文学社、书画协会、外语协会、影视协会、杂志社、摄影协会、音乐俱乐部、集邮协会、艺术体操队、舞蹈团、话剧团、合唱团、乐团等。这些形式集中了一大批有各种兴趣爱好和特长的学生，使整个学校显得生机勃勃，富有生命力。

（3）人生探讨型。如人生系列讲座、道德系列讲座、学生心理咨询协会、演讲协会，以及各种各样的有关人生、理想、奋斗、成才的讨论会、辩论会。这些形式因其关注学生对自身意义和价值的探求，而吸引着众多的学生。再如《中国共产党章程》学习小组、马克思列宁主义学习小组及思想文化沙龙等，满足了部分学生在政治上、思想上和人生追求上积极要求进步的需要和愿望。

（4）社会实践型。如学生咨询科技开发中心、交际礼仪协会、公关礼仪俱乐部、茶艺协会、手工制作协会、学生勤工俭学中心、家教服务中心，以及各种各样的社会考察活动。这些第二课堂形式把学生直接推向了社会前台，成了学生了解社会、服务社会的一个重要中介。

（二）中等职业教育第二课堂的主要形式

一般意义的第二课堂的活动形式在这里基本适用。个别化学习、小组学习和班级教学是中等职业教育基本的教学组织形式。可以是以小组为单位开展有意义的活动；可以班级为单位，甚至可以年级为单位。不管是什么形式、什么内容的活动，事先都要有科学、合理、安全的方案，保证活动效果和目的。

中等职业教育第二课堂的主要形式如下。

（1）虚拟网络型。随着现代教育技术手段的发展，中等职业教育也要借助强大的网络功能。在网络中，可以更好地开展第二课堂活动。通过网络，再难的知识也会有专家解决。它可以完全不受时空限制，不受地域约束，指导教师可以通过网络优势设计第二课堂内容，利用网络开展活动。

（2）专业研究型。这种活动形式也符合中等职业教育学生的实际需要。学到专业知识是学生的主要目的之一，通过开展第二课堂活动，弥补自主学习及面授课中学生没有学清楚、弄明白的地方。可以把同一专业的学生组织到一起，针对某方面问题或者是社会热点问题展开讨论，专业教师加以引导，提高学生的专业水平。

（3）文体活动型。为了增强学校的凝聚力、丰富学生的文化生活，增进同学、师生之间的友谊，促进学生的全面发展和健康成长，开展有特色的文体活动是第二课堂的重要形式。中等职业教育学生有一定的体育锻炼基础，如羽毛球比赛，有的学生已经掌握基本的技巧，甚至有的学生打得比较好。有的学生感兴趣，自己就可以找地方去练习，提高水平。在这种情况下，学校就可以不用再组织学生练习，直接采取循环赛的形式开展第二课堂活动。既增进了友谊，提高了学校的凝聚力，又丰富了学生的业余文化生活。

（4）座谈、演讲型。座谈是比较随便地、不拘形式地讨论。演讲又叫讲演或演说，是指在公众场所，以有声语言为主要手段，以体态语言为辅助手段，针对某个具体问题，鲜明、完整地发表自己的见解和主张，阐明事理或抒发情感，进行宣传鼓动的一种语言交际活动。学校可以有针对性地开展座谈活动，如社会热点问题，学生关心的学习方式、方法，相关的专业问题，等等，都可以采取座谈的形式完成。演讲是更高级的一种学习方式，需要演讲者事先做大量的准备工作，同时指导教师要做好指导工作，让学生的演讲内容符合教学的相关要求，使演讲者的演讲能力、写作水平、专业水平都得到提高，同时对其他听者也要具有启发、带动作用。

（5）动手操作型。学生学到专业知识后，还只是停留在理论层面，提高他们的实际动手操作能力至关重要。对他们今后的就业能力、社会适应能力都会有很大提高。如茶艺、家政服务等。茶艺是一种文化，是包括茶叶品评技法，艺术操作手段的鉴赏，以及品茗美好环境的领略等整个品茶过程的美好意境，其过程体现形式和精神的相互统一，是饮茶活动过程中形成的文化现象。茶艺包括：选茗、择水、烹茶技术、茶具艺术、环境的选择创造等一系列内容。家政服务是指将部分家庭事务社会化、职业化、市场化，属于民生范畴。由社会专业机构、社区机构、非盈利组织、家政服务公司和专业家政服务人员来承担，帮助家庭与社会互动，构建家庭规范，提高家庭生活质量，以此促进整个社会的发展。学校开展这方面活动，可提高学生的动手操作能力，使其更好地适应社会需要。

（6）社会实践型。学生的任何学习，最终都是为了个人价值的实现及为社会服务。因此，第二课堂活动要紧紧围绕社会需要，培养学生的社会责任感和使命感。如参加社会公益活动等。

第三节　中等职业教育第二课堂建设的实施

为了更好地落实第二课堂活动，做好学生支持服务工作，沈阳市城市建设管理学校成立了第二课堂活动领导小组，制订了实施方案，提出了具体的保障措施。

一、沈阳市城市建设管理学校第二课堂建设的实施方案

中等职业教育第二课堂是实现人才培养目标的重要途径之一，既能激励学生崇尚科学、追求真知，又能丰富学生的学习生活，挖掘学生的内在潜力，还能培养学生创新精神和实践能力，提高学生综合能力，促进学生全面发展。按照学校总体要求，做好第二课堂建设工作，结合学校实际，特制订本实施方案。

（一）指导思想

以邓小平理论、“三个代表”重要思想、科学发展观为指导，全面贯彻党的教育方针和科教兴国战略，认真贯彻《国家中长期教育改革和发展规划纲要（2010—2020年）》的战略部署，紧扣中等职业教育发展建设的历史、文化背景，从把沈阳市城市建设管理学校建设成国内一流中等职业教育学校的战略目标出发，将第二课堂建设作为学校全面发展的重要组成部分，作为面授、网络教学的有益补充，以激发学生自主学习、自我探索的内在动力为着眼点，努力提高学生综合素质和实践能力，认真开展中等职业教育第二课堂活动。

（二）目标和任务

通过第二课堂建设，使学生进一步坚定理想信念，树立正确的世界观、人生观和价值观；进一步加强对专业理论知识的理解和掌握，提高学生的专业技能；进一步增加师生沟通了解的机会，增进师生感情，实现教学相长；进一步增强实践能力，激发创新、创业意识和自主发展动力，全面提

高综合素质。

（三）基本原则

1. 整体性原则

第二课堂是第一课堂的延伸，是对学生学习支持服务的有效载体，二者是统一的整体。第二课堂建设要以第一课堂为基础，依托第一课堂、服务第一课堂，注重理论与实践相结合，突出专业知识运用，提高理论联系实际的能力和分析、解决问题的能力。

2. 激励性原则

中等职业教育第二课堂内容要符合学生需求，调动学生参与的积极性，同时要采取一定的物质或精神奖励措施吸引学生，发掘学生的潜能。

3. 自愿性与导向性相结合原则

中等职业教育第二课堂采取学生自愿参加与导向性相结合的原则，在活动中，教师认真安排活动内容，使第二课堂开展的各项活动都具有活动定位清晰、活动目标明确的特点。这些活动不仅丰富学生的课余文化生活，还有很强的教育引导作用。参与其中的学生在第二课堂的活动中能够自动自觉地接受活动组织者预设的目标导向，在活动中感受氛围熏陶、接受文化塑造，最终达成素养提升。另外，第二课堂不同的活动也具有不同的目标导向，灵活的目标导向更适合青年学生的自身特点，更易于被兴趣爱好不同的广大学生接受，使学生学有所得、学有所获。

4. 实践性与创造性相结合的原则

中等职业教育第二课堂重在培养学生的综合能力，要让学生在活动中多思考、勤动手，鼓励学生勇于实践，大胆创新，提高解决问题的能力。

5. 专业性与趣味性相结合

中等职业教育第二课堂活动要有趣味性，充分调动学生参与的积极性、主动性，同时又要注重专业能力的培养，全面提高学生的素质。

6. 安全责任原则

学校要做好每类活动的安全预案，保证活动的安全性，落实点名制度，活动中不得随意增减学生，切实保证安全。

（四）保证措施

1. 统一思想，高度重视，加强领导

全校教职员工在思想上要充分认识第二课堂在教学中的重要作用，为确保其工作顺利实施，学校成立第二课堂领导小组。

（1）领导小组。

组长：赵国军；

副组长：刘林；

组员：唐军、鲁丹、马冬红、陈桂玲、李丹、刘慧玲、姜守军、王铁强。

（2）检查组。

教务处、学生处。

（3）建立八大课堂。

机加课堂：以机械教研组为中心，围绕机械加工专业开展活动。

文学课堂：以语文教研组为中心，围绕文学赏析开展活动。

艺术课堂：以学前教研组为中心，围绕各艺术专业开展活动。

汽车课堂：以汽车教研组为中心，围绕汽车专业开展活动。

信息协会：以计算机教研组为中心，围绕信息类各专业开展活动。

体育课堂：以体育教研组为中心，开展篮球、排球、乒乓球等各项活动。

茶艺课堂：以培训处为中心，开展活动。

书法摄影课堂：以工会为中心，开展活动。

2. 建立严格的管理制度

在开展第二课堂活动中，不仅仅要有规范的活动资料、严密的组织领导，而且还需要明确的职责分工，以及建立与之相适应的规章制度，只有这样才能切实达到“人人参与、个个体验”的教学效果，使第二课堂活动落到实处。各有关部门要严格按照学校的相关要求，落实每项工作任务，责任到人。加大经费投入，出台促进第二课堂建设的激励、奖励机制，完善和实施第二课堂导师制度，通过专业教师的参与，实现第二课堂与第一课堂的有机结合，全面提升第二课堂质量。逐步建立第二课堂的科学评价体系和质量反馈系统，实现第二课堂的可持续发展。

3. 坚持“四性”“五定”“五有”

“四性”是指活动内容科学性、知识性、趣味性和实效性。科学性原意是指概念、原理、定义和论证等内容的叙述是否清楚、确切，历史事实、任务及图表、数据、公式、符号、单位、专业术语和参考文献写得是否准确，或者前后是否一致等。这里的科学性是指第二课堂活动内容安排得要科学合理，符合教育规律，符合学生成才的要求。知识性是指符合文明方向的，人类对物质世界及精神世界探索的结果总和。这里的知识性是指第二课堂活动内容要符合人类在实践中认识客观世界（包括人类自身）的成果的特性。趣味性是使人感到愉快，能引起兴趣的特性，也就是说要让人感兴趣、喜欢。实效性是指实际的效果。活动内容要注重实效，不能走过场，真正达到活动目的。

“五定”是指定时间、地点、学生、辅导教师、活动内容。每次开展第二课堂活动，都要有详细的时间、地点，哪些学生参加，活动的内容是什么，都要安排好，做好各项准备工作。

“五有”是指有计划、有措施、有总结、有反思、有成果。这里的“五有”指的是第二课堂活动的全部过程，不能有头无尾，也不能虎头蛇尾，每一个过程都要落实。有计划是指根据对外部环境与内部条件的分析，提出在未来一定时期内要达到的组织目标及实现目标的方案途径。有措施是指为了保证活动顺利开展而采取的各种办法。有总结是指把开展第二课堂活动的有关情况分析研究，做出有指导性的结论。有反思是指回头、反过来思考的意思。这里是说活动结束后，在认真总结的基础上，回头看看这次活动中有哪些做得好，哪些做得不够，对以后开展活动是一个借鉴。有成果是指收获到的果实，常用于指工作或事业方面的成就。这里指的是第二课堂活动取得的成就，要及时总结，及时保存。

4. 成果展示

每年学校开展文艺、经典诵读、英语、书画、科技等各种展演活动，评出最优秀活动协会或个人进行表彰。

二、开展中等职业教育第二课堂活动的保障措施

中等职业教育第二课堂的重要作用已经引起教育领域的高度重视，但在如何做好基础工作，加强保障机制等方面还需进一步加强。要实现第二课堂工作的常态化、规范化、系统化就要有切实可行、行之有效的措施。在建设中等职业教育第二课堂过程中，一般采取以下几种保障措施。

（一）充分发挥专业教师的导学作用

专业教师的导学作用是指专业教师通过研究教学大纲、教材和教学方法，结合教学工作经验和专业科学知识，提出可行的第二课堂活动方案，充分发挥其导学作用。

（二）加强宣传，进一步提高认识

要强化宣传意识，大力宣传开展第二课堂工作中不断涌现的符合教育

规律、满足学生要求、具有个性特色的新做法、新成果、新经验，以及积极探索、卓有成效的工作态度和方式，进一步形成良好的工作氛围，扩大工作影响，推动工作发展。

还要增强档案意识，把在开展第二课堂工作中积累的各种原始资料保存好、整理好、利用好。

（三）抓好“三个环节”

任何工作都包括计划、实施和总结三个相互关联、不可或缺的环节。

每学期初，各协会首先就需要谋划好第二课堂活动，形成包括辅导教师和学生组成，活动的时间、地点、主题、形式及经费的预算和安全的预案等详细的计划书；然后经过学校（部门）审核通过后，充分发挥教师和学生的两个积极性，按计划组织实施；最后将活动中取得的成果、经验及时加以整理和总结。

（四）坚持“四个结合”

第二课堂的“四个结合”是指与评比竞赛结合，与学生协会结合，与教育教研结合，与学科特点结合。开展第二课堂活动一要坚持与各级各类评比、竞赛活动相结合，如科技创新大赛、羽毛球比赛、英语大赛、艺术展演活动等。二要坚持与学生协会建设相结合，如茶艺协会等。三要坚持与教师教研工作相结合，各协会要在开展课堂教学和教科研工作的同时推进相应的第二课堂工作。四要坚持与学科特点相结合。如何促进学生多元智能的发展是一个常议常新的话题，单单靠某一学科是无法完善的，这需要多学科、多方面的努力。

（五）完善“五项保障”

第二课堂的“五项保障”是指保障时间，保障场所，保障师资，保障经费，保障机制。一是把第二课堂作为日常的工作排入教学计划，排入学生课程表，为第二课堂提供必需的时间保证。二是要逐步建设、完善满足第二课堂需要的场馆，如实验室、图书室、练功房、绘画室、电脑机房、报告厅等，有条件还可以建立小发明车间、养殖培养温室、茶艺室等。三是要加大相关师资的培训，通过“请进来、走出去”相结合，教师自修和学校培养相结合等渠道，不断提高教师开展第二课堂活动的意识、能力。四是要有计划、有重点地加大对第二课堂工作的经费投入，规范预算、使用、决算的流程，提高经费的使用效益。五是要进一步完善岗位设置、绩效考核等机制，引入有关第二课堂工作量计算、成果认定等相关内容，激励广大教师。

第四节　沈阳市城市建设管理学校第二课堂活动实例

自2010年春季，沈阳市城市建设管理学校开展了一系列的学生第二课堂活动，涉及的方方面面，在学生管理中发挥了重要作用。

一、实例

（一）“阳光之家”爱心活动

到“阳光之家”助残慰问是学校新生入校的第一课，学校团委自2009年起就组织学生到“阳光之家”对孤残儿童进行不定期慰问，每次去慰问，学生们都为孤残儿童带去他们喜欢的食品、玩具，并为他们表演自编自演的节目。

（二）“迎全运　讲文明　跟着郭明义学雷锋”志愿服务活动

学校师生参加了由沈阳市精神文明办公室主办的“迎全运　讲文明　跟着郭明义学雷锋”志愿服务活动。学生们在这次活动中以志愿者的身份投入到全运会的筹备及服务中，跟着郭明义学雷锋，发扬劳动模范精神，向全国人民展示沈阳。

（三）经典滋润心田　励志伴我成长——中华经典诗词诵读及大合唱比赛

学校自 2010 年起就举办了中华经典诗词诵读比赛及红歌合唱比赛，至今已有 6 届，每届大赛都采取全程网络直播形式。比赛主题丰富，形式多样，既慷慨激昂，又低沉婉转；既清丽婉约，又充满诗情画意。同学们沉浸在诗歌与美文的情境中，台上是美妙的诵读，台下是深深的陶醉。此项活动不仅繁荣了校园文化，丰富了学生的语文学习生活，而且使学生的心灵受到了潜移默化的熏陶和感染，激发了学生的爱国主义热情，培养了学生的民族自豪感。

红歌会暨学科活动颁奖仪式

（四）专业技能第二课堂展示

学校学生在学习自身专业的同时也可以参加其他专业的第二课堂，以学生的兴趣出发自愿选择，这样既满足了学生的兴趣需求，也拓展了学生的视野，丰富了学生的业余生活，使每名学生都成为多面手，更好地与未来就业接轨。

机加课堂

汽修课堂

焊接课堂

艺术课堂

3D 打印课堂

技能大赛

二、经验总结

（一）领导重视是关键

学校各级领导非常重视第二课堂建设工作，校长亲自挂帅，各个部门积极配合，动员每名教师参加这项重要工作。第二课堂是第一课堂的延伸和补充，是对学生进行各项教育的阵地之一，是扩大学生知识面和传递信息的重要渠道。因此，学校领导在思想上高度重视第二课堂活动，把组织第二课堂活动列入常规工作加以研究和检查，定期召开例会，并在时间、资金投入、场地、设备器材等方面给予了充分保证，从而使第二课堂活动得以顺利开展。因此，领导重视是第二课堂建设的关键。

（二）相对稳定的第二课堂教师服务队伍是保证

1. 专业教师队伍

专业教师队伍的建设是现代教育第二课堂活动的质量保证，要不断提高教师组织第二课堂活动的能力。把第二课堂教育纳入教研范围，定期组织第二课堂活动的优秀方案或案例的征集评选活动，加强学校、教师间的交流，促进学校第二课堂活动的优化，并把教师组织第二课堂活动的能力和表现纳入教师工作考核体系。教师第二课堂教案如表 9-1 所示。

表 9-1　　第二课堂教案

课程名称		课时	
教学目标			
教学准备			
教学过程			
教学总结			
备注			

2. 班主任队伍

班主任能否与学生建立良好、健康的师生关系，开展活动时班主任能否动员学生参与，是第二课堂活动能否顺利开展的前提。同时要求班主任要随时对学生进行学习支持服务，帮助学生掌握学习方式方法，树立学习信心，激发学生学习兴趣，顺利完成学业。第二课堂活动记录如表 9-2 所示。

表 9-2　　第二课堂活动记录表

活动时间		活动地点		参加人数 （附学生点名册）	
活动内容				辅导教师	
活动目的					
活动过程					
活动总结					
备注					

（三）学生骨干是第二课堂活动的中坚力量

把第二课堂活动纳入学生综合素质评价体系，将学生在活动中取得的荣誉、制作的优秀作品等，放入学生的成长记录档案中，并记载好学生参与第二课堂活动的过程和成果，作为学生综合素质评价的重要内容。也可以把一些与专业有关的第二课堂活动进行学分替代。

（四）科学合理的活动计划是前提

把第二课堂活动纳入到学校整体课程安排，每学期开学前各个协会要对不同专业学员的第二课堂制订科学合理的活动计划。形成包括活动的时间、地点、主题、形式、经费的预算和安全的预案等详细的计划书，然后经过学校研究审核通过后，上报教务处备案，教务处以此作为教学检查的依据。同时加大宣传，通知到每名学生，做好各项准备工作。本着因材施教的原则确定好第二课堂活动小组，固定活动小组成员，确保第二课堂活动的顺利实施。第二课堂活动计划如表 9-3 所示。

表 9-3　第二课堂活动计划一览表

序号	活动项目	责任教师	时间	地点	备注
1					
2					
3					
4					
5					
6					
7					
8					

（五）制度建设为前提，落实为根本

创建新的教育教学管理制度，如第二课堂学分制度等，管理制度是第二课堂教学活动顺利进行和目标实现的重要保障，也是鼓励师生参与第二课堂活动、指导学生实践工作的纲领性文件。如果第二课堂活动可以纳入学分制度管理、纳入教师的工作量管理或者作为师生各项评比的一项重要内容，就会充分调动师生参与的积极性和创造性，使第二课堂更加科学、健康地持续发展。

（六）逐渐完善的基础设施建设

学校要逐渐完善基础设施建设，保证各个活动场所、设备设施完好、齐全。同时要充分利用拓展校外的社会资源，开展联合活动，实现资源共享，做好第二课堂的后勤保障工作。

总之，第二课堂建设和发展任重而道远，需要在实践中不断积累、不断研究、不断突破。

参考文献

[1] 陈明昆.英、法、德职业教育与培训模式的社会文化背景比较[J].中国职业技术教育,2008(18):34-35.

[2] 杨勇,贾云楼.德国职业教育考察及启示[J].河南职业技术师范学院学报(职业教育版),2007(3):65-66.

[3] 滕勇.西方发达国家职业资格证书制度及其特点[J].西安航空技术高等专科学校学报,2007(3):16-17.

[4] 隋瑞歆,张亮.德国双元制对中国职业教育的启示[J].国家教育行政学院学报,2007(4):85-87.

[5] 朱晓斌.文化形态与职业教育:德国"双元制"职业教育模式的文化分析[J].外国教育研究,1997(3):39-40.

[6] 周丽华,李守福.企业自主与国家调控:德国"双元制"职业教育的社会文化及制度基础评析[J].比较教育研究,2004(10):55-57.

[7] 国家教委职业技术教育中心研究所.历史与现状:德国双元制职业教育[M].北京:经济科学出版社,1998:44.

[8] 李其龙.世界教育大系:德国教育[M].长春:吉林教育出版社,2000:290-291.

[9] 雷正光.德国双元制教学模式初探[M].北京:科学普及出版社,1992:3.

[10] THOMAS S. The German vocational training reform act of 2005: what is new, what is different? [J].BWP Special Edition 2005,2005:18.

[11] HELMUT P. Vocational training reform act: new impetus for vocational training after 35 years[J].BWP Special Edition 2005,2005(2):1-3.

[12] URSULA B, HERMANN H. Costs and benefits of in-company vocational training[J].BWP Special Edition 2007,2007:52.

[13] BMBF. Germany's vocational education at a glance [R]. Boon: BMBF,

2003:16.

[14] FELIX W, GUDRUN S, HARALD P, et al. In-company vocational training: a worthwhile investment for enterprises[EB/OL]. BIBB, 2009(8):4-7.

[15] 郎巴赫.企业培训是德国双元制职业教育的核心[J].赵志群,译.职业技术教育通报(试刊).1993(3):12.

[16] 杨玉宝.对德国“双元制”职业教育的新认识[J].比较教育研究,2002(3):37.

[17] 柴彦辉,周志刚.双元制的可移植性研究:机理、内涵与借鉴:教育资源开发视角[J].教育科学,2008(5):2-5.

[18] 李帆.德国“双元制”职业教育及在中国实践中的问题与思考[J].世纪桥,2009(3):102-103.

[19] GÜNTER W. Dual vocational education and training in the service society[J]. BWP Special Edition 2009, 2009:24-25.

[20] UTE H S, MARTINA K, CHRISTIAN W. Vocational education and training in Germany [R]. Luxembourg: Office for Official Publications of the European Communities, 2007:48-50.

[21] DAGMAR L. The examinations field of action: interim evaluation and future prospects[J]. BWP Special Edition 2007, 2007:50-51.

[22] 凌培亮,雅尼士,陈祝林.中德职业教育的现状与未来[M].上海:学林出版社,2000:11.

[23] 姜大源.着眼于未来的理性思辨:坚持与改革:德国“双元制”职业教育近期发展动态综述[J].吉林工程技术师范学院学报,2004(5):1.

[24] 顾月琴,魏晓锋.德国双元制职业教育的困境及其发展趋势[J].职教论坛,2010(3):90-93.

[25] 李振海.德国的职业教育及对我国职业教育的启示[J].成才之路,2011(19):12-13.

[26] 何婕.职业教育改革与发展趋向分析[J].才智,2010(34):30.

[27] 马玉萍.职业教育要适应经济发展需要[M].吉林日报,2012-04-18.

[28] 王英杰.试谈世界职业技术教育发展趋势及我国职业技术教育的困境与出路[J].比较教育研究,2001(03):49-53.

[29] 何万宁.试析专业学位教育与高等职业教育的对接[J].高教探索,2002(04):30-32,40.

[30] 徐同文.创建世界一流:体系还是大学:我国高等教育发展的战略选择[J].高等教育研究,2006(02):26-29.

[31] 陈革,苏传英.高等职业教育体系的国际比较及启示[J].职业教育研究,2004(04):93-94.
[32] 章明朗,李乐安.从多角度看“长三角”的中等职业教育现状[J].职业教育研究,2006(07):40-41.
[33] 陈文标.中等职业教育的现状分析与对策初探[J].职业教育研究,2006(07):45-46.
[34] 尤敬党,吴大同.生涯教育论[J].江苏教育学院学报(社会科学版),2003(01):142-143.
[35] 彭伟强.美国多元办学模式及启示[J].教育科学研究,2001(10):68-67,73.
[36] 赵金昭.我国高等职业教育体系与培养模式研究[D].天津:天津大学,2006.
[37] 谢钢.中等职业教育教师队伍结构优化的研究[D].重庆:西南师范大学,2001.
[38] 张景榕.扩大中等职业教育与农村人力资源开发[D].福州:福建师范大学,2003.
[39] 马振华.发展本科和研究生层次高等职业教育的理论与实践研究[D].天津:天津大学,2004.
[40] 关晶.20 世纪 90 年代美国 STW 运动研究[D].上海:华东师范大学,2004.
[41] 苗喜荣.中等职业教育人才培养模式的构建[D].苏州:苏州大学,2004.
[42] 李亦桃.美国生涯教育初探:对我国普通高中教育改革的启示[D].重庆:西南师范大学,2005.
[43] 邹融冰.加大政府中等职业教育投资的经济学分析[D].济南:山东大学,2005.
[44] 于光照.“中等职业教育”培养目标定位及教学实施的研究[D].石家庄:河北师范大学,2005.
[45] 张文华.吉林省中等职业教育发展现状、问题及对策[D].长春:吉林大学,2006.
[46] 高丽娴.基于终身教育理论下中等职业教育课程体系构建的研究[D].长春:吉林农业大学,2006.
[47] 周汝德.大理州中等职业教育现状分析及对策探讨[C]//农业职业教育改革创新与发展:云南省农业教育研究会 2011 年学术年会论文汇

编,2011.

[48] 杨锐英,刘福军.云南省中等职业教育现状调查与分析[C]//农职业教育与经济社会发展:云南省农业教育研究会2010年学术年会论文汇编,2010.

[49] 毛民海.以就业促招生 以招生促发展:中等职业教育发展之我见[C]//建国60年陕西教育30年法制建设理论研讨会获奖论文,2010.

[50] 马友兴.凉山中等职业教育改革与发展的思考[C]//献给新中国60周年全国教育管理优秀成果(下),2009.

[51] 章允文.我国中等职业教育三十年发展中的"喜"与"忧"[C]//黄炎培与中国职业教育:黄炎培职业教育思想研究成果集萃,2009.

[52] 杨红,李峰.江西民办中等职业技术教育存在的问题及发展对策探讨[C]//第二届全国农林院校教育科学类研究生学术论坛论文集,2010.

[53] 郭利利.陕西省中等职业教育发展对策研究[C]//建国60年陕西教育30年法制建设理论研讨会获奖论文,2010.

[54] 张国辉,昝雅文.整合中职教育资源 做好新城规划[N].抚顺日报,2010-04-27.

[55] 李少波,唐永军.政协哈密地工委调研中等职业教育发展现状[N].亚洲中心时报,2011-05-24.

[56] 陈韧.中等职业教育正稳步推进[N].抚州日报,2005-05-09.

[57] 钟蓝.现有中等职业教育能否负重?[N].中国信息报,2005-08-12.

[58] 李俊美.发展中等职业教育是重点[N].吴忠日报,2008-12-10.

[59] 高小艺.一朵绽放在广西中等职业教育园地里的奇葩[N].广西日报,2008-12-23.

[60] 陈晓东,我区中等职业教育实现跨越发展[N].宁夏日报,2008-12-31.

[61] 陈雪梅,顾怡.加快中等职业教育发展的步伐[N].贵州政协报,2009-01-01.

[62] 史秋衡.经济发展与民办高教产业化的关系[J].黄河科技大学学报(民办教育研究专号),1999(03):89-90.

[63] 韩翼祥,陈世瑛,韩维仙.国有高校民办二级学院发展研究[J].江苏高教,2000(04):48-50.

[64] 孙琳.发展我国民办职业教育的思考[J].教育与职业,1999(11):40-42.

[65] 申维新,贾丽娜.谈高职教育中创新教育的实施[J].教育与职业,2006(32):27-28.
[66] 戴兴峤,阚阅.对民办教育公平待遇问题的探讨[J].教育探索,2003(12):49-51.
[67] 胡卫.关于民办教育发展与规范的思考[J].教育发展研究,2000(03):8-15.
[68] 徐明.高职院校就业指导的现状与对策[J].中国大学生就业,2007(20):40-41.
[69] 喻永红,李志.当代大学生职业价值观的特点与教育对策研究[J].教育探索,2003(12):42-44.
[70] 李迈强,方凤玲.我国高等职业教育发展现状与改革走向[J].职业技术教育,2005(34):14-17.
[71] 张建新,陈学飞.从二元制到一元制:英国高等教育体制变迁的动因研究[J].北京大学教育评论,2005(03):80-88.
[72] 陈向明.从北大元培计划看通识教育与专业教育的关系[J].北京大学教育评论,2006(03):71-85,190.
[73] 郝英杰.浅析中国职业教育发展中的问题与对策[J].河北能源职业技术学院学报,2007(01):20-22,27.
[74] 马早明.台湾技术与职业教育的困境及政策走向[J].教育发展研究,2001(09):19-22.
[75] 关晶.国际中等职业技术教育的发展趋势及借鉴[J].职教通讯,2002(08):3.
[76] 杨世信,关涛.创新型营销人才培养及就业模式的研究与实践:以广西财经学院为例[J].广西教育学院学报,2012(05):138-144.
[77] 秦如明,刘凯.新加坡南洋理工学院与我国职业院校模式之比较[J].辽宁高职学报,2012(11):15-17.
[78] 孙海波,倪晋尚.将NYP"教学工厂"理念植入校内实训基地建设[J].九江职业技术学院学报,2013(01):19-20.
[79] 任学雯.用超前创新的理念指导职业教育教学改革[J].科技信息,2013(15):315-316.
[80] 李晓杰.新加坡职业教育发展理念演进论析[J].继续教育研究,2013(12):155-157.
[81] 侯亚超.校园文化建设共同价值观的关键点[J].青春岁月,2013(18):252.

[82] 姚钟华.基于核心能力的NYP学院文化建设分析[J].浙江交通职业技术学院学报,2011(04):57-59.

[83] 王辉.新加坡高等职业教育特色对我国的启示[J].职教通讯,2013(22):54-56.

[84] 李晓杰.新加坡职业教育发展理念演进论析[J].职教论坛,2013(31):85-86.

[85] 杨金土.我对有关中等职业教育几个问题的看法[J].职业技术教育,2000(27):16-21.

[86] 沈洁宁.从人才的需求看中等职业教育的发展前景[J].职业技术教育,2000(34):30.

[87] 李志伟.中等职业教育:摆脱困境闯新路[J].教育与职业,2000(08):39-41.

[88] 赵维东,刘彩云,赵雪梅.应当重视稳定中等职业教育[J].教育与职业,2000(11):36.

[89] 游清泉.我国中等职业教育面临的困境与希望[J].教育与职业,2000(04):12-13.

[90] 金召卫.加快四个转变 大力发展中等职业教育[J].中国职业技术教育,2000(01):48.

[91] 翟海魂.对当前中等职业教育形势的分析[J].中国职业技术教育,2000(05):20-21.

[92] 陈嘉授.发展中等职业教育任重道远[J].机械职业教育,2000(08):12-13.

[93] 孟广平.中等职业教育向何处去[J].职教论坛,2000(01):27.

[94] 刘友仁.中等职业教育的地位和作用不容怀疑[J].北方经济,2000(11):30.

[95] 方彩力.中等职业教育的发展与探索[C]//国家教师科研基金十一五阶段性成果集(重庆卷),2010.

[96] 罗蜀丰,中等职业教育发展新思路[C]//国家教师科研基金十一五阶段性成果集(重庆卷),2010.

[97] 张万朋.对我国中等职业教育经费现状的分析及相关思考[C]//2009年中国教育经济学学术年会论文集,2009.

[98] 于书今.中等职业教育投入问题研究[C]//辽宁省哲学社会科学获奖成果汇编(2005—2006年度),2008.

[99] 杨锐英,刘福军.云南省中等职业教育现状调查与分析[C]//农职业

教育与经济社会发展:云南省农业教育研究会2010年学术年会论文汇编,2010.

[100] 杨福湖,王荣明.树立科学发展观开创中等职业教育新局面[C]//银龄睿智:为“十一五”规划建言献策论文选编,2006.

[101] 钱文卿.发展民族职教 振兴民族经济:云南省楚雄民族中等职业教育发展的经验和体会[C]//中国少数民族教育学会第一次学术研讨会会议论文集,2008.

[102] 温丹丹.陕西省中等职业教育发展对策研究[C]//建国60年陕西教育30年法制建设理论研讨会获奖论文,2010.

[103] 颜凌云.高等职业教育教学模式的探讨[J].安徽建筑工业学院学报(自然科学版),2004(04):92-94.

[104] 谭晓玉.当代国外职业教育课程模式概述[J].比较教育研究,1993(06):35-36.

[105] 顾淑霞.五国中等职业教育的课程模式比较[J].比较教育研究,2001(06):28-31.

[106] 王策三.认真对待“轻视知识”的教育思潮:再评由“应试教育”向素质教育转轨提法的讨论[J].北京大学教育评论,2004(03):5-23.

[107] 杨建平.谈高职教育课程教学模式的创新[J].重庆工贸职业技术学院学报,2008(03):22-25.

[108] 黄桃红.职业教育的课程模式:职业化课程[J].成人教育,2008(05):85-86.

[109] 朱永永.我国职业教育课程模式推演与嬗变[J].成人教育,2010(06):62-63.

[110] 孔德瑾,姚晓玲.浅谈美国和加拿大的教学模式、考核及方法[J].山西财政税务专科学校学报,2007(06):78-81.

[111] 由继刚.价值实践论纲[J].长白学刊,1989(06):20-22,52.

[112] 吴明华.从样本的代表性与随机性去理解抽样[J].中国数学教育,2010(06):14-15.

[113] 徐国庆.实践导向职业教育课程研究[D].上海:华东师范大学,2004.

[114] 易元祥.中国高等职业教育的发展研究[D].武汉:华中科技大学,2004.

[115] 吴晓义.“情境—达标”式职业能力开发模式研究[D].长春:东北师范大学,2006.

[116] 王振如.北京高等职业教育创新与发展研究[D].北京:中国农业科学

院,2006.
[117] 孙卫国.数字化聚合环境中的课堂教学研究[D].上海:华东师范大学,2007.
[118] 张炜.威莉斯任务型教学模式探讨[D].上海:上海外国语大学,2008.
[119] 陈家刚.认知学徒制研究[D].上海:华东师范大学,2009.
[120] 吕红.澳大利亚职业教育课程质量保障的研究[D].重庆:西南大学,2009.
[121] 任京民.社会科课程综合化的意蕴与追求[D].上海:上海师范大学,2010.
[122] 杨鸿.教师教学知识的统整研究[D].重庆:西南大学,2010.
[123] 春晓.首都中职毕业生就业状况喜人[J].教育与职业,2003(21):24.
[124] 张家寰,郭扬.对上海市中职毕业生就业状况的分析和办学思考[J].职教论坛,2003(15):62-64.
[125] 张荣.职教创新:中职毕业生就业的加速器[J].职教论坛,2003(19):4.
[126] 赵中玉.寄语中职毕业生:求职莫徘徊[J].职业技术,2003(10):44.
[127] 马树超.未来哪些行业更看好中职毕业生:上海中职毕业生就业前景展望系列报道(下)[J].成才与就业,2004(07):49-51.
[128] 上教.中职毕业生到国外可学什么专业课程?[J].成才与就业,2006(05):46-47.
[129] 陈小牧,张禹,周霞.我国中职生成功留学的故事[J].成才与就业,2006(05):48-49.
[130] 马树超.据专家预测,2010 年前:上海年需补充中职毕业生 10 万人[J].成才与就业,2006(07):14-15.
[131] 博文.中职毕业生可选择“三领”培训[J].成才与就业,2006(10):58.
[132] 中职毕业生好就业的三个原因[J].职业技术,2006(06):17.
[133] 梁淑桦.中职毕业生就业能力现状研究[D].南宁:广西大学,2013.
[134] 张雪玲.中职生就业能力现状及对就业质量的影响[D].上海:上海师范大学,2015.
[135] 王茵.中职毕业生就业问题研究[D].石家庄:河北大学,2015.
[136] 罗慧艳.昆明第二职业中专毕业生就业稳定性的个案研究[D].昆明:云南师范大学,2015.
[137] 李林颖.中等职业学校毕业生就业现状研究[D].天津:天津职业技术师范大学,2015.

[138] 赵楠.主体责任细化下的中职毕业生就业保障研究[D].北京:首都经济贸易大学,2007.

[139] 倪玉华.上海地区中职毕业创业者生涯发展的个案研究[D].上海:华东师范大学,2009.

[140] 宋小帆.中职生就业质量现状、问题及对策研究[D].烟台:鲁东大学,2013.

[141] 侯丹.以就业为导向的中职生就业能力培养研究[D].苏州:苏州大学,2009.

[142] 金怡.中职毕业生职业适应性问题及对策研究[D].上海:上海师范大学,2006.

[143] 盛佳琳.松原地区农村中等职业教育现状的研究[D].延吉:延边大学,2010.

[144] 刘军安.金融危机背景下中山市中等职业教育发展研究[D].武汉:华中师范大学,2010.

[145] 吉婧.农村中等职业教育目标定位及其办学模式研究[D].武汉:湖北工业大学,2011.

[146] 黄莉.中等职业教育现存的问题及发展对策研究[D].武汉:华中师范大学,2001.

[147] 李晓霞.四川省中等职业教育发展路径研究[D].成都:电子科技大学,2009.

[148] 朱海燕.中等职业教育发展中的政府行为研究[D].南京:南京理工大学,2010.

[149] 刘锋.深圳市中等职业教育存在的主要问题及对策[D].武汉:华中师范大学,2000.

[150] 汪志杰.澳大利亚中等职业教育的变迁(1949—1975 年)[D].石家庄:河北师范大学,2009.

[151] 袁栋.上海市中等职业教育就业质量现状分析与对策研究[D].上海:复旦大学,2010.

[152] 杨靖.中等职业教育中教育技术的应用研究[D].福州:福建师范大学,2003.

[153] 赵静.中等职业学校班主任专业化的探索与研究[D].石家庄:河北师范大学,2008.

[154] 姚秀颖.中等职业学校学生实践能力培养问题研究[D].大连:辽宁师范大学,2003.

[155] 曾素娟.中等职业学校德育活动课程设计研究[D].重庆:西南师范大学,2005.
[156] 何纪红.中等职业学校校本课程开发研究[D].武汉:华中师范大学,2006.
[157] 石朝霞.中等职业学校职业指导研究[D].大连:辽宁师范大学,2005.
[158] 肖赛.中职学校招生的困境及对策研究[D].长沙:湖南农业大学,2010.
[159] 李栋.中等职业学校学生英语词汇学习策略探索[D].济南:山东师范大学,2006.
[160] 张萌.河北省中等职业学校普通文化课教学现状调查与对策研究[D].秦皇岛:河北科技示范学校,2010.
[161] 侯宏.我国中等职业学校危机管理主要问题及对策研究[D].成都:电子科技大学,2008.
[162] 吴旭丹.中等职业学校毕业生就业质量研究[D].大连:辽宁师范大学,2010.
[163] 刘良华.重申“行动研究”[J].比较教育研究,2005(05):76-79.
[164] 周宏弟.论教师的行动研究与专业发展[J].高等教育研究,2003(03):81-85.
[165] 田恩舜.高校教学团队建设初探[J].理工高教研究,2007(04):67-68.
[166] 冯奎.管理学前沿“学习型组织”理论评析[J].经济管理,1999(12):57-58.
[167] 叶华,孟敬.基于专业影响力的高职专业教学团队建设[J].科学与管理,2008(01):55-57.
[168] 仲耀黎.关于高职院校教学团队建设与管理的思考[J].教育与职业,2008(30):48-49.
[169] 王希琼.高等职业院校专业教学团队“软件”建设问题及对策[J].辽宁教育研究,2008(10):58-70.
[170] 何农,王瑞敏,何卫姝.关于高职院校专业教学团队建设的思考[J].教育探索,2009(06):100-101.
[171] 徐平利.工学互动组合:重构高职教育双师型教学团队的新思路[J].教育发展研究,2007(03):71-73.
[172] 季翔.高职院校专业教学团队建设与管理[J].徐州建筑职业技术学

院学报,2009(01):74-76.
[173] 姜凌.学校教学管理制度文化的构建[J].教学与管理,2009(06):20-21.
[174] 卢林.试论学校教学管理中的导执差[J].大庆社会科学,1992(02):73-75.
[175] 温得位.正确处理职业学校教学管理中的几个关系[J].青海教育,1999(05):13.
[176] 邢国万.学校教学管理要符合学生的发展特点[J].太原教育学院学报,2000(S1):37-38.
[177] 刘素冬,苏冬风.天津市举办技工学校教学管理培训班[J].职业,2000(04):32.
[178] 于黔勋.在规范中导向 在改革中提高:关于《江苏省职业学校教学管理规范(试行)》的几点阐释[J].职教通讯,2005(09):19-20.
[179] 王跃,魏凤才.学校教学管理的人本原则问题探讨[J].中小学教师培训,2007(02):58-59.
[180] 孙立新.学校教学管理评价初探[J].职业时空,2007(08):43-44.
[181] 贾宗林.学校教学管理模式的缺陷和改革[J].教学与管理,2007(09):27-28.
[182] 李彦辉.学校教学管理信息化研究[J].中国西部科技,2007(19):59-60.
[183] 韩锡斌,杨娟,陈刚.基于知识管理的大学数字校园的概念、架构和策略[J].中国远程教育,2005(08):39-42.
[184] 朱震,姚奇富.基于 SOA 的数字校园解决方案[J].计算机工程,2009(07):267-269.
[185] 董群,钱何珍,刘文艳,等.关于创建数字化校园的思考[J].中国现代教育装备,2008(06):21-22.
[186] 徐凤亮,史斌斌.高校数字化校园建设的现状与探索[J].中国现代教育装备,2009(15):23-25.
[187] 曾勍炜,徐鹰,徐知海,等.关于数字化校园建设的研究[J].计算机与现代化,2004(07):88-91.
[188] 贾苏冬.面向数字化校园的用户统一认证管理[J].信息与电脑(理论版),2009(12):91-92.
[189] 查晓瑜,罗一帆.高职院校数字化校园建设新思路:以四川邮电职业

技术学院为例[J].时代教育(教育教学),2011(01):80.
[190] 李普.泰山医学院数字校园的规划与建设[J].中国远程教育,2006(01):55-58.
[191] 曲宏毅,韩锡斌,张明,等.网络教学平台的研究进展[J].中国远程教育,2006(05):55-59.
[192] 张韶.高职院校数字化校园建设中的关键技术[J].电脑知识与技术,2008(27):2112-2113.
[193] 王兰尊,黄建军.高校数字化校园建设发展对策研究[J].高等理科教育,2009(06):52-56.
[194] 周明.Web Services 在数字化校园建设中的应用[J].硅谷,2012(01):123.
[195] 周林志.新一代高校信息化建设方式的思考[J].硅谷,2012(05):132-133.
[196] 冯文惠,张丽.基于 B/S 架构的知识管理型数字校园[J].光盘技术,2009(02):13-14.
[197] 赵立冲.网络教学资源平台建设研究综述[J].广西大学学报(哲学社会科学版),2006(S1):21-23.
[198] 门爱华.赤峰学院数字化校园建设探索与实践[J].赤峰学院学报(自然科学版),2012(20):183-185.
[199] 徐亚华.做学生思想教育工作必须坚持以人为本[J].安徽农业大学学报(社科版),1997(01):84-86.
[200] 王元娥.素质教育与马克思关于人的全面发展学说[J].滨州师专学报,2000(03):66-67.
[201] 龙少华.中职生的多样性特征及其管理建议[J].长江工程职业技术学院学报,2006(01):6-8.
[202] 韦雪芳.从杜威职业教育思想反思我国当前职业教育[J].广西教育学院学报,2007(06):155-156.
[203] 博仔.中国近现代职业教育先驱:黄炎培[J].湖南教育,2005(20):14-15.
[204] 薛莲.中等职业学生教育管理的思考与实践[J].能源技术与管理,2009(02):139-140.
[205] 杨新生.中等职业技术学校学生心理问题与有效行为管理[J].教育理论与实践,2007(S2):118-119.

[206] 唐永泽.论黄炎培“手脑并用”职教理念的当代价值及其根源[J].教育与职业,2006(17):24-25.
[207] 刘莉,熊红斌.创新“以人为本”工学结合学生管理模式探索[J].教育与职业,2009(12):29-31.
[208] 戚旻洁.论中职生管理工作中“以生为本”与“生态模式”的融合[J].科技信息(学术研究),2008(36):76,78.